AF194107

BIBLIOTECA
DE LA LIBERTAD
FORMATO MENOR

HACENDADO EN LA CASA BLANCA

JOHN T. FLYNN

HACENDADO EN LA CASA BLANCA

Unión Editorial
2025

Título original: *Country Squire in the White House.*

Publicado en 2020 por el INSTITUTO MISES.

518 West Magnolia Ave. Auburn, Ala. 36832

www.mises.org

contact@mises.org

Este trabajo tiene licencia bajo

«Creative Commons Atribución-NoComercial-SinDerivar 4.0

Internacional» https://creativecommons.org/licenses/by-nc-nd/4.0/

© 2025 UNIÓN EDITORIAL, S.A.

c/ Hilarión Eslava, 21 • local • 28015 Madrid

Tel.: 913 500 228

Correo: editorial@unioneditorial.net

www.unioneditorial.es

Traducción de Mariano Bas Uribe

ISBN: 978-84-7209-940-1

Depósito legal: M-4.919-2025

Compuesto e impreso por EL BUEY LIBERAL, S.L.

Impreso en España • *Printed in Spain*

ÍNDICE

UNA ADVERTENCIA

Este es un año de elecciones, un año de libros de campaña. Pero este no es uno de ellos. Es solo la opinión ponderada de un hombre que considera su obligación mantenerse fuera de los terrenos de los políticos.

El escritor que se hace comentarista de asuntos públicos debería apartarse de las organizaciones partidistas. Y es bastante difícil pensar rectamente sin ensuciar la maquinaria con emociones partidistas. El escritor que se une al bando de un líder político deja de ser un observador sincero. Se convierte en un agente.

Pero un comentarista tiene opiniones. Yo tengo las mías. Durante años fui el tipo de demócrata que votaba a candidatos como Bryan y Wilson y Roosevelt en 1932. No era del tipo que votaba a Parker o a John W. Davis. Creo que puedo afirmar que soy un liberal que se encuentra bastante a la izquierda del centro, que piensa que el sistema capitalista es posible que esté condenado por la falta de voluntad de sus propios defensores de hacer lo necesario para salvarlo, pero que también cree que su colapso en este país sería ahora mismo la peor de las calamidades. Es debido a estas opiniones por lo que puede aparecer algún sesgo en este libro. Lo menciono porque el lector tiene derecho a esta advertencia sobre lo que aquí puede leer.

Esta no es una biografía de Franklin D. Roosevelt. No es un intento de resumir un sistema de medidas para la recuperación, No es un análisis completo del New Deal. Es un intento de explicar el New Deal en términos del hombre que lo patrocinó.

JOHN T. FLYNN

Nueva York, 23 de mayo de 1940.

PRÓLOGO*

Nunca ha habido en la política estadounidense una religión tan expansiva y luminosa como el New Deal. Desde el principio hasta el final fue constante en una empresa heroica – la guerra hasta la muerte sobre el mal, sobre la avaricia, la pobreza y la opresión. De hecho, tenía un enemigo monstruoso contra el cual inclinaba su brillante lanza siete días a la semana, y ese era el pecado. Si criticabas el New Deal, eras *un* pecador.

Sin embargo, hay que reconocer que entre los guerreros del New Deal había muchos cuya presencia en el ejército contra el pecado era un poco sorprendente. Una de estas colecciones de hombres son los que son llamados «líderes» por sus amigos y «jefes» por sus enemigos en las grandes ciudades. ¿Qué hacían los líderes de estas grandes organizaciones de injertos del lado de los ángeles?

En la ciudad de Nueva York, Tammany Hall fue la organización que administró a los anfitriones demócratas de la ciudad. Tenía una larga y a veces desagradable existencia. Su lema era «Al vencedor le pertenece el botín», y el botín consistía no sólo en trabajos que iban a los trabajadores del partido, sino también en las grandes empresas que se alimentan del Estado y que están incluidas bajo el nombre de «chanchullos». El chanchullo ilegal era la imposición de extorsión a contratistas, casas de juego, prostitución comercial, vicio comercial de todo tipo. Había, sin embargo, un área

---

* Extracto de la obra de John T. Flynn *The Roosevelt Myth*, libro 2, capítulo 8, «*The Shock Troops of the Third New Deal*» (1948),

11

conocida como chanchullo legal que consistía en varios tipos de ganancias que los líderes de la organización y los favoritos hacían de negocios ordinariamente legales, pero que podían cobrar debido al poder y a la presión política.

Por ejemplo, un líder de Tammany podría tener un socio silencioso en algunas firmas que manejan contratos con la ciudad. En las ciudades, el negocio de fianzas y seguros es un elemento importante en todo tipo de actividades – bonos en los tribunales, bonos de los funcionarios, seguros y bonos de los contratistas de la ciudad, y el negocio de seguros de las grandes empresas que dependen en gran medida de los negocios de la ciudad o el favor de la administración en el poder. Siempre hubo líderes de Tammany con interés en una compañía de seguros, ya sea directamente o a través de sus familiares.

Con la llegada de Charlie Murphy como líder, hubo un marcado cambio moral. Murphy, como muchos de sus contemporáneos, era un buen hombre de familia y un miembro estable de la iglesia. Comenzó como dueño de un salón, pero lo dejó y a medida que fue creciendo se dio cuenta de los aspectos viciosos del vicio organizado y su asociación con la política de las máquinas. Cuando John Hylan se convirtió en alcalde de Nueva York, bajo la influencia de su esposa religiosa, decidió poner fin a la tolerancia del vicio comercial en la ciudad de Nueva York. Murphy lo apoyó en eso y en lo que sea que digan los críticos de Hylan y Tammany, puso en práctica esa política y expulsó a estas industrias de la ciudad de Nueva York a Nueva Jersey, donde encontraron una bienvenida hospitalaria.

No quiero decir que los líderes de Tammany Hall se rindieron. Siempre quedaban unos pocos líderes que resentían esta huida a la gracia y había áreas de los llamados chanchullos legales que se cultivaban extensivamente. Pero otro factor se había inmiscuido en la escena. Al Smith se perfilaba como candidato a la presidencia. Murphy cuidó la ambición de elegir a un auténtico Tammany para la Casa Blanca y, como parte de ese plan, comenzó a aplicar un código de buena conducta más exigente a los líderes de Tammany, algunos de los cuales, sin duda, se sintieron irritados por ello. Pero Murphy dijo que Tammany no podía permitirse un mal nombre para manchar la buena reputación de Al.

Hay otro punto sobre Tammany que hay que tener en cuenta. Era principalmente una organización política, pero una de las actividades de la organización era el bienestar social. Tammany vivía del apoyo de las masas de votantes. En cada distrito de la ciudad había un club Tammany. Era la sede de la vida política del distrito, pero también era el centro de ciertos servicios sociales. Todas las noches el jefe estaba allí, rodeado de numerosos empleados de la ciudad de los diferentes departamentos de la ciudad –consejo escolar, juzgados de paz, obras públicas, salud, etc.– y cada noche llegaba a este club un flujo constante de gente en el distrito en busca de ayuda: una mujer que quiere que lleven a su maestra e hija a una escuela más cercana a su casa; otra que quiere ayuda en la corte de primera instancia para su hijo descarriado; toda una colección de víctimas de la multa por la eterna violación de tránsito que quieren que se arregle; una mujer pobre que quiere un poco de carbón o unos cuantos dólares o una palabra al comisionado de bienestar social para un pariente; y varias otras personas que buscan muchos otros tipos de ayuda.

El coste de todo este llamado bienestar social para el jefe del distrito no fue muy grande. Los servicios personales eran realizados por los fieles en la nómina de la ciudad y los gastos reales eran modestos y se satisfacían con los fondos propios del jefe y los fondos recaudados sobre los empleados y contratistas de la ciudad y otros que gozaban del favor del líder. Pero fue la fuente más poderosa del control que Tammany Hall y sus organizaciones afiliadas en los otros distritos de la ciudad tenían sobre la gente de Nueva York.

Las peores de estas máquinas urbanas fueron la Kelly-Nash de Chicago, la Hague de Jersey City y la Pendergast de Missouri, aunque hubo muchas otras en las grandes ciudades industriales. Cuando Roosevelt fue candidato a la nominación en 1932, todas estas máquinas se le oponían. Ellos continuaron burlándose de él después de que fuera elegido y él continuó criticándolos. Dirigió a Farley, por ejemplo, para que luchara contra la nominación de Ed Kelly para alcalde de Chicago. En Nueva York cometió contra la organización demócrata que le había ayudado a ser elegido la imperdonable ofensa política de promover la candidatura de LaGuardia a la alcaldía, quien fue elegido con una candidatura republicana apoyada por los desafectos demócratas del New Deal.

Cuando Roosevelt llegó a la presidencia, como hemos visto, comenzó a gastar grandes sumas de dinero en ayuda humanitaria y obras públicas. En un distrito de Tammany, por ejemplo, ahora no circulaban unos pocos miles de dólares distribuidos de manera metódica y económica por el jefe, sino cientos de miles, incluso millones, de dólares para todo tipo de ayuda, incluyendo trabajos para aquellos que querían trabajo y generosos donativos de las agencias de ayuda humanitaria. Los folletos, por supuesto, venían de los agentes del New Deal. El cacique de Tammany en el distrito ya no podía competir con la mano extravagante de los dispensadores de recompensas de Roosevelt. La única esperanza del líder de Tammany de mantener su lugar en el distrito era hacer negocios con el hombre de Washington que comandaba estos arroyos dorados. Tenía que ser el agente en el distrito para controlar el flujo de este dinero o estaba fuera, porque el gobierno nacional podía instalar en cada distrito a un benefactor que podía gastar más que el jefe, no diez a uno, sino cien a uno.

Roosevelt no hacía negocios directamente con los líderes. Tuvieron que hacer negocios con el hombre de Roosevelt en Tammany, y resultó que él era probablemente el peor de todos los líderes de esa organización. Los hombres de Tammany lo sabían todo sobre él y se convirtió después en el modelo y patrón al que Tammany se conformaba. Era Jimmy Hines, el líder del Undécimo Distrito.

La prohibición a su manera le había hecho algo a Tammany como le había hecho a todo en América. Había traído el bar clandestino, el negocio ilegal de las bebidas alcohólicas, y los criminales y gángsters que se aprovechaban de ellos. Con la aparición de Jimmy Walker como alcalde de Nueva York, la organización comenzó a volver a hundirse en sus viejas debilidades. El injerto en todo tipo de vicio comercializado volvió a ser un gran negocio. Más de un distrito cayó en manos y bajo el control de hombres que estaban ligados a estas empresas. Jimmy Hines era el peor de todos. Tenía una sociedad con Dutch Schultz, un famoso gángster y asesino.

No es difícil entender cómo se convirtió en la mano derecha de Roosevelt en Nueva York. Años antes, un joven que había salido de la facultad de derecho, deseoso de llevarse bien, decidió convertirse en demócrata. Se llamaba Samuel I. Rosenman. Después de graduarse en Columbia, fue a ver al Sr. Hines y le habló de sus ambiciones: quería ir a la legislatura. Hines lo envió a uno de sus asesores de confianza, un viejo juez de Tammany, para que lo examinara. El juez encontró que Sammy conocía sus lecciones y así Rosenman fue a la legislatura y a su debido tiempo se abrió camino hacia la buena gracia de Franklin Roosevelt como gobernador y se convirtió en el primer miembro y el último sobreviviente de su *Brain Trust*. Siempre fue uno de los amigos políticos más cercanos de su padrino, Jimmy Hines, mientras vivía en el centro de atención de la pureza y santidad del New Deal, y fue capaz de convertir a Hines Roosevelt en la mano derecha de los jefes de Tammany.

En 1933, LaGuardia llegó al poder en la ciudad de Nueva York, y durante los siguientes diez años Tammany perdió su control sobre la maquinaria política de Nueva York, salvo a través de algunos de los gobiernos de los municipios, y en 1942 perdió su control en el estado cuando Dewey se convirtió en gobernador. Tammany estaba ahora estrictamente en el exterior. Había perdido los puestos de trabajo y los ricos requisitos de la oficina. Muchas de las casas del club estaban cerradas o se convirtieron en los fríos y lúgubres lugares de hombres que ya no atraían a los hambrientos, a los pobres y a los desposeídos en busca de ayuda. Tammany había vendido su famosa sala antigua en la calle 14 y había construido una nueva sala Tammany en Union Square cerca de la 14, pero después de unos años de lucha ya no pudo mantenerse allí ni pagar los intereses de la hipoteca y tuvo que venderse. El viejo Tammany Sachems y otros devotos miembros de esa decreciente congregación se refugiaron en lágrimas en el restaurante Luchow's el día que Jimmy Walker, en representación de Tammany Hall, se paró en el escenario del salón y le entregó las escrituras al nuevo comprador – David Dubinsky, jefe del Sindicato Internacional de Damas Trabajadoras de la Confección, una organización laboral dominada por los socialistas que se unía a Roosevelt.

Poco a poco, los líderes de Tammany, que estaban envejeciendo, fueron sucedidos por recién llegados que estaban dispuestos a gritar a gritos por Roosevelt y el New Deal. No hay una gran suma de dinero en el mantenimiento del cargo. Las riquezas están en los prebendas, en los injertos, legales e ilegales, a menudo recolectados por hombres que no ocupan cargos públicos pero que hacen negocios con los que sí los ocupan. Algunos caciques demócratas de la franja más reciente comenzaron a caer en vicios de diversa índole. Frank Costello, el gerente de raquetas más famoso del país, se convirtió en el factor más poderoso de esa otrora orgullosa organización. Muchos líderes de distrito dirigían clubes nocturnos y puntos calientes, y poco a poco grandes secciones de Tammany cayeron en manos de elementos criminales o casi criminales.

Fue este Tammany en su nivel más bajo el que se rindió al New Deal y se convirtió finalmente en la herramienta política del Sr. Roosevelt en Nueva York. De una máquina de distrito político anticuada, interesada en el trabajo y el mecenazgo, que vivía en la nómina pública y en varios injertos auxiliares, que a veces daba una administración física razonablemente buena del gobierno de la ciudad, a veces bastante mala, a veces muy corrupta, a veces razonablemente honesta, se convirtió en una organización cuasi-criminal que ondeaba el estandarte del Mundo Libre y del Hombre Libre.

En 1932, Illinois envió una delegación a la convención demócrata encabezada por Tony Cermak, un tosco genio político que había emigrado de Bohemia, comenzó con una carreta, se convirtió en capitán de distrito, se enriqueció con injertos, organizó a los polacos, checos y lituanos, y los eslovenos de Chicago en un poderoso bloque racial llamado las Sociedades Unidas, se convirtieron en jefes del Distrito Doce, acorralaron al inframundo para Brennan cuando él era jefe, y cuando Brennan murió, lo sucedieron como líder demócrata y se convirtieron en alcalde de Chicago.

Cermak luchó contra la nominación de Roosevelt en Chicago, y fue a Miami en febrero de 1933 para hacer las paces con Roosevelt, donde la bala destinada a Roosevelt lo mató. Ed Kelly, el ayudante jefe de Cermak y el ingeniero jefe del Distrito Sanitario de Chicago, se convirtió en alcalde, y después Ed Kelly y el viejo Pat Nash se convirtieron en los jefes gemelos de Chicago y de los demócratas de Illinois.

La historia de los siguientes ocho años fue increíble. La banda de Capone, a la que le habían robado la raqueta de la Prohibición, se había metido en el negocio: salones de caballos, casas de juego, casas de brujas, con raquetas especiales en barberías y otros lugares. Las raquetas de Capone eran operadas por Jack Gusik; Chew Tobacco Ryan; Loudmouth Levin; Harry Greasy-Thumb Gusik; Frank Diamond (cuñado de Capone); Charles y Rocco Fischetti (primos de Capone); Eddie Vogel, zar de las máquinas tragamonedas; y Billy Skidmore, con quien todo el mundo tenía que hacer negocios en Chicago para mantenerse fuera de la cárcel. Había raquetas de mano de obra torcida en una escala increíble. En un momento dado se corrió el rumor de que una persona importante había sido acusada de evasión de impuestos sobre la renta por valor de dólares100.000. Resultó ser Kelly, la alcaldesa.

Roosevelt había tratado de impedir su nominación pero no tuvo éxito. En los tres años que Kelly había sido comisionado del Distrito de Sanidad, no había reportado dólares450.000 en ingresos. El Tesoro fue tras él, pero le permitió llegar a un acuerdo. Sin embargo, se negó a revelar de dónde provenían los ingresos. Se conformó con dólares105.000.

Al igual que la máquina de Tammany Hall, la máquina Kelly-Nash fue sometida al poder de Roosevelt y a los incontables millones que dispensaba en Illinois. Y cuando llegó el momento del movimiento del tercer término, Ed Kelly fue uno de sus principales líderes, tocando el tambor de «Roosevelt y la Humanidad».

En ninguna parte de Estados Unidos había un anillo político más conocido por su descarado desafío a la ley, la decencia y los principios que la famosa máquina de Frank Hague en el norte de Nueva Jersey. Hague corrió su carrera de conserje del ayuntamiento a alcalde en diez años. En 1932 había sido alcalde durante 14 años. Era el jefe indiscutible del estado y llevaba a sus delegados de la convención nacional en el bolsillo, todo lo cual pudo hacer gracias a una pluralidad confiable de 100.000 personas que pudo encontrar en el condado de Hudson, lo suficiente para inundar cualquier mayoría hostil para sus candidatos en el resto del estado. Hague creció en arrogancia. Intimidó, gritó y gritó a sus críticos, así como a sus oponentes en las urnas. No le gustaba Roosevelt. No le gustaban los New Dealers de Roosevelt y, sobre todo, odiaba los rosas y los rojos.

El año 1938 fue, como hemos visto, desastroso para el New Deal de Roosevelt. La convención nacional estaba a sólo un año y medio de distancia. En este año, el juez William C. Clark, un auténtico New Dealer, se convirtió en el tema de la preocupación de La Haya. Clark había frenado algunos de los ataques más flagrantes y ofensivos de Hague a la libertad de expresión en su bailía. En 1938, Clark fue juez del Tribunal de Distrito de los Estados Unidos en el distrito de La Haya y en ese año fue elevado al Tribunal de Apelaciones de los

Estados Unidos en Nueva Jersey. Eso le venía bien a Hague. Tenía un candidato para el puesto que Clark dejó vacante y el nombramiento estaba en manos de Roosevelt. Su candidato era T.G. Walker, que había sido elevado de un escaño en la asamblea para ser juez del más alto tribunal del estado: el Tribunal Estatal de Errores y Apelaciones. Hague quería que Walker fuera nombrado para suceder a Clark con el fin de hacer espacio para su hijo en lugar de Walker. Se necesitaron muchas maniobras, pero Hague, con la ayuda de Roosevelt, lo solucionó. Sacó a su enemigo Clark del lugar donde era más ofensivo, puso a Walker en ese lugar y al joven Hague, que no se había graduado de la facultad de derecho, en el tribunal más alto del estado.

Hague había conseguido lo que quería de Roosevelt. Más tarde Roosevelt quería algo de La Haya. El secretario de la Marina, Claude Swanson, que ocupaba ese cargo desde 1933, ha estado durante años en un estado de gran debilidad. Charles Edison fue secretario adjunto de la Marina y, debido a la enfermedad de Swanson, secretario en ejercicio. Cuando Swanson murió, Edison calificó el ascenso, pero Roosevelt por alguna razón no lo quería. Instó a La Haya a que nombrara a Edison gobernador o senador de Nueva Jersey. La Haya accedió a hacerlo. Luego Roosevelt nombró a Edison secretario de la Marina y La Haya lo nominó para gobernador de Nueva Jersey. Fue un mal día de trabajo para La Haya, ya que Edison, después de las elecciones, tuvo la idea de que él y no La Haya era gobernador, lo que precipitó una larga y amarga lucha entre estos dos hombres, uno representando el patronato, la política de máquinas y la corrupción política en su nivel más bajo, y el otro representando el espíritu de reforma racional y democrática y la honestidad en las elecciones y el gobierno. En esta batalla, que tuvo lugar después de las elecciones de 1940, Roosevelt arrojó su influencia y poder al lado de La Haya.

Eran tres de los más notorios de los jefes de las grandes ciudades, pero en todo el país había jefes más pequeños y similares del mismo tipo. En 1939, aunque la mayoría de ellos odiaban a Roosevelt, habían sido completamente subyugados a su voluntad por las grandes sumas de dinero que podía gastar o retener en sus respectivos distritos. Y continuaron desempeñando un papel cada vez más importante en esta cosa justa conocida como el New Deal. En 1940 estaban entre los hombres más ardientes de Roosevelt.

JOHN T. FLYNN.

Capítulo I

UNA MAREA Y UN NOMBRE

1

El ciudadano que pretenda formarse un juicio sobre un presidente (algo que debería hacer todo ciudadano americano) debe eliminar muchas ilusiones, buenas y malas.

Un presidente es el líder de un partido. Su partido está siempre ocupado en mostrarlo desde la perspectiva más favorable. El partido de la oposición está igualmente ocupado en eliminar estos colores amistosos y colocarle otros de una tonalidad más amenazadora. Ambos contratan hombres de la publicidad; ambos tienen periódicos poderosos de su lado. Un partido atrae la imaginación de votante con incesantes relatos acerca de la sabiduría, benevolencia, valentía y visión del líder. El otro con la misma asiduidad explota cuentos ficticios acerca de su estupidez, egoísmo, debilidad y miopía. Al final, el personaje que aparece probablemente esté muy lejos de corresponderse con el ocupante físico de la Casa Blanca.

Es probable que no haya vivido nunca una persona como esa combinación fuerte y silenciosa de sabiduría casera y conocimiento astuto sobrehumano que era Calvin Coolidge. El personaje en la mente pública fue creado mediante anuncios, publicidad y cuentos dos veces contados. La imagen que la mayoría de la gente tenía en su cabeza y a la que llamaban Calvin Coolidge era una ficción tan completa como Lydia Pinkham, Father John, el Dr. Munyon o cualquier otro personaje de la ficción publicitaria. Solo puede conseguirse una imagen del Calvin Coolidge real (el hombre que existió realmente, no el imaginario en la Casa Blanca) leyendo la deliciosa e inteligente biografía de William Allen White, *A Puritan in Babylon* [*Un puritano en Babilonia*].

Sin embargo, para ser justos, debemos reconocer que mucha de esta ficción acerca de los presidentes no es obra de propagandistas a sueldo. Está la propaganda inconsciente que periódicos, radios, películas y personas trasladan sin planes ni indicaciones desde cualquier persona. Los críticos republicanos de Mr. Roosevelt se enfurecen enormemente con lo que llaman «la publicidad en quinientos periódicos que conllevan los pagos de diversas instituciones del New Deal, que aprueban desembolsos diarios a una prensa que proclama las bondades del New Deal». Pero me parece que se alteran injustificadamente. Por supuesto, es verdad que el presidente ha organizado un inmenso batallón de hombres de publicidad en las numerosas oficinas del gobierno. Pero es dudoso que todo este ejército de aduladores logre gran cosa a favor o en contra de su jefe. Una fuerza mucho más eficaz se puede encontrar en la construcción completamente incontrolada y sin dirección que tiene lugar con muy poco estímulo externo en las mentes de la gente.

La oficina del presidente es la más poderosa del planeta. Tan pronto como un hombre se convierte en presidente se ve atrapado en una compleja nube de estimación popular. La gente por lo general rinde homenaje a las grandes instituciones. Pero lo hombres no distinguen muy bien entre la institución y el hombre. Así que el propio hombre se convierte en el beneficiario de la estima que se origina en la institución que dirige.

Está en movimiento constante entre escenarios de poder. Senados, tribunales, diplomáticos, se levantan a su paso. Las multitudes se agrupan para ver al ser humano que ostenta tanto poder. Se informa de todo lo que hace, incluso su más ligero susurro. Si habla públicamente, todas las emisoras de radio trasladan sus palabras a todos los hogares. Si tiene una voz atractiva, como el presidente actual, el efecto se atribuirá a esta. Pero debemos recordar que la gente se agrupaba reverentemente en torno a sus altavoces para escuchar el seco y ronco graznido con acento yanqui de Calvin Coolidge que llegaba a través de micrófonos primitivos mezclados con el pesado ingrediente de la estática. Si el presidente va en automóvil de un lugar a otro, se agrupan multitudes en las calles, le preceden y siguen un montón de motocicletas rugientes y se crea una imagen de gran poder y majestad.

También todo esto podría resultar injusto para el presidente y a menudo perjudicarle. Es inevitable que la gente tenga la impresión después de un año o dos de que el hombre que el presidente es un personaje con caracteres heroicos: un grandísimo orador, un grandísimo estudioso, un inteligentísimo estadista y un líder con recursos más ingeniosos que cualquier otro hombre público. Por tanto, esperan de él que solo haga cosas inteligentes e ingeniosas. Tras hacer de él un héroe, insisten en que actúe como tal. Tienden a calibrar lo que dice y hace, después de un tiempo, de acuerdo con su enormemente exagerado patrón de liderazgo. No es muy justo para él. Por lo general, es solo un ser humano, normalmente honrado, patriota, inteligente y dispuesto a hacer lo que cree correcto y frecuentemente está tan abrumado como cualquier otro hombre público.

Este mismo exceso de adulación y dramatización provoca una correspondiente vehemencia entre sus críticos. Sus seguidores se entusiasman con él, calificándolo como el mejor de todos los presidentes. Evidentemente, es a la vista de esta estimación como le juzgan, primero por los que tienen esta estimación y después por aquellos a los que se la imponen. Se culpa a los presidentes por no resolver problemas que ningún hombre puede resolver.

Esto es lo que ha pasado con Mr. Roosevelt. Sus oponentes señalan con regocijo el gran ejército de desempleados, la creciente deuda nacional, el granjero que sigue sufriendo, el estancamiento de los negocios y una multitud de otros problemas que permanecen sin resolver. Los seguidores del presidente replican, con mucha razón, que tal vez no haya resuelto estos problemas, pero al menos debe reconocérsele que lo ha intentado con la mejor de las intenciones, que ha hecho todo lo que ha podido en todos los sentidos, que, se diga lo que se diga con respecto al resultado final, ha estado del lado de los pobres y los no privilegiados y que, aunque no haya sido capaz de traer la recuperación, ha creado muchas reformas espléndidas dirigidas a la justicia social.

Es un argumento razonable y cualquier ciudadano honrado que busque la verdad verá en qué se basa. Pero no se corresponde con la imagen del superhombre que, se nos decía, iba a traer la abundancia. Esta descripción de un hombre perfectamente bienintencionado que trata de acabar con nuestros males y no lo consigue es bastante diferente de la visión del gigante del arte de gobernar que iba a hacerlo. El analista práctico de las cosas ve de inmediato la situación de desventaja en la que esto coloca al presidente. Esto hace difícil para sus seguidores atribuirle una buena calificación en su rendimiento, porque habían esperado y prometido mucho más: les hace difícil presentar al presidente como una persona generosa y bienintencionada cuando le califican como uno de los grandes estadistas de todos los tiempos.

Todos haríamos más justicia al presidente (a este y a todos los que le sigan) y serviríamos mejor a la causa del pueblo si reconociéramos que estamos tratando, no con un superhombre, sino más bien con un hombre normal que, en este momento, ostenta un enorme poder, un ciudadano americano normal.

2

Franklin D. Roosevelt nació el 30 de enero de 1882. Es habitual entre sus biógrafos añadir: «de una larga estirpe de antepasados holandeses». La aceptación total de la suposición de que Mr. Roosevelt es «holandés» es un ejemplo de cómo gana aceptación este tipo de error. Encaja estupendamente con la expresión «le sale su holandés» cuando muestra enfado o resentimiento.

El Roosevelt americano original, que se supone que fue Claus (o Claes) Maryenszen de Roosevelt, era un holandés que llegó a América en algún momento del siglo XVII. Franklin D. Roosevelt es el octavo de esa estirpe. Ese primer Roosevelt y su hijo Nicholas eran completamente holandeses. Pero a partir de ahí empezó la dilución. Jacobus, el tercer Roosevelt, se casó con una joven alemana. Su hijo Isaac se casó con una joven sueca. La mujer del quinto Roosevelt, James, era inglesa. El sexto Roosevelt, Isaac, se casó también con una inglesa. El padre de Roosevelt, James, fue el séptimo. Y en el momento en que entró en escena era predominantemente de descendencia inglesa. Solo quedaba aproximadamente un 6% de sangre holandesa, un 6% alemana y un 12% sueca. Los tres cuartos restantes eran ingleses. Así que Franklin D. tiene en sus venas solo un 3% de sangre holandesa y casi un 90% de sangre inglesa. El apellido holandés persiste, por supuesto, pero la sangre es inglesa.

No hay nada raro en esto. Los primeros colonos eran holandeses, pero muy pocos en número. A ellos les siguió un gran número de colonos ingleses que formaron la gran masa de los inmigrantes en los primeros años de las colonias y los estados. La mayoría de las viejas familias (ricas por herencia) son fuertemente inglesas, lo que se debe al poderoso tono inglés en la sociedad en crecieron a lo largo del Hudson y Manhattan a pesar de los muchos apellidos holandeses.

La primera esposa de James Roosevelt fue Rebecca Howland, con la que tuvo un hijo: James Roosevelt Roosevelt. Su segunda esposa fue Sara Delano, la madre de Franklin. El padre tenía más de cincuenta años cuando nació Franklin y el primer hijo, James, ya había crecido y se había casado.

La infancia y juventud de Franklin Roosevelt hasta que tuvo catorce años fue especialmente distinta de la del chico americano medio. Su padre, un hombre afable y agradable que se tomaba la vida con tranquilidad y solo prestaba algo de atención a sus ocasionales aventuras empresariales, de poco éxito, actuaba como un hacendado. Su propiedad era muy grande, así que a su hijo se le mantuvo separado con éxito del contacto con los niños del pueblo o del campo. Su madre, una dama decidida y tenaz, no lo mandó a la escuela. Tuvo tutores privados hasta cumplir los catorce años, por lo que no tuvo compañeros de clase durante todos esos años que un chico normal pasa en el instituto. Viajaba a Europa todos los años y pasaba algunos meses en una selecta escuela de verano en Bad Nauheim. Fue criado por una madre que le daba una mezcla de consentimiento y disciplina: la disciplina de una mujer arrogante que quería salirse con la suya incluso con su hijo y el consentimiento de una madre que quería el afecto de su hijo. Tal vez sea justo decir que, cuando fue por primera vez a la escuela en Groton, era en buena medida un niño mimado.

En Groton, su primera escuela, se encontró en el que tal vez sea el entorno más esencialmente británico que puede encontrarse en este continente. El aire, la arquitectura, la enseñanza, los preceptores, el director, la tradición, la cultura, la imaginería sentimental del lugar son más propios de Eton y Harrow que estos mismos.

Algunos de sus biógrafos hablan de su interés infantil por los libros. Pero esto no es demasiado cierto. No era en ningún sentido un niño estudioso ni le gustaban los libros. Le gustaban los deportes, como a cualquier chico normal y sano y tuvo muchas oportunidades para practicarlos. Lo que más le gustaba eran los barcos. Pronto tuvo un pequeño barco de vela al que dedicaba mucha atención. Le gustaban los cuadros y descripciones de navíos, especialmente navíos de guerra. Su madre cuenta cómo escuchaba con asombro conversaciones de marinos cuando era joven y visitaba Inglaterra. Y muy pronto decidió que quería entrar en la marina. Su padre habló con él acerca de esto y le indujo a entrar en Harvard en su lugar. Poco después de ingresar en Harvard, su padre murió. Su madre, obsesionada con el control, adquirió una casa cerca de Harvard para supervisar la educación de su hijo. En Cambridge estudió poco, perdía el tiempo con los barcos, solo leía prácticamente acerca de barcos de guerra y navíos, jugaba al tenis y otros deportes y empezó su colección de cuadros y libros antiguos sobre navíos y batallas navales. Se le consideraba un «buen compañero» y entró en media docena de clubs aristocráticos, incluyendo el Club de Yates. No fue conocido como estudiante o pensador. Se las arreglaba, pero sin obtener distinciones. Hoy lleva una llave de la Phi Beta Kappa en su cadena de reloj, la insignia de brillantez en los estudios. Pero no se la ganó en la universidad. Se le entregó posteriormente, cuando se hizo famoso en la vida política. Cursó las asignaturas habituales de letras y en su último año se especializó en derecho administrativo e internacional.

Se unió a la plantilla de *Crimson*, la revista de Harvard y se convirtió en uno de sus editores cuando era editor jefe Robert J. Bulkley, luego senador por Ohio. Tras dejar Harvard en 1904 fue a la Escuela de Derecho de Columbia en otoño. En la primavera siguiente (1905) se casó con Eleanor Roosevelt, su prima y sobrina del presidente Theodore Roosevelt, que asistió a la boda.

Pero el joven Roosevelt todavía no se había librado del cuidadoso control de su madre. Un año o dos después de la boda, esta imperiosa vieja dama construyó dos mansiones en la Calle 65, una para ella y otra para su hijo. Le compró también otra casa junto a Hyde Park y una casa de verano en Campobello. Cuando construyó la casa de la Calle 65 la amuebló, según publicó Mrs. Eleanor Roosevelt, de arriba abajo de acuerdo con sus gustos. «Nuca pensé», dijo la mujer de Roosevelt, «en pedir nada que no tuviera su aprobación», En ese momento, Roosevelt tenía veintiséis años. Es interesante el comentario de la anciana Mrs. Roosevelt de que, tras tres años de vida matrimonial, la joven Mrs. Roosevelt no se atrevía a pensar ni siquiera en decorar su propia casa o al menos pedir algo que no aprobara la mujer mayor.

En Columbia, los estudios de Franklin D. Roosevelt siguieron aproximadamente el rumbo que su singladura por la universidad. No parecía interesado, sino más bien aburrido. Estudiaba, pero poco y nunca consiguió graduarse. Posteriormente fue admitido en el colegio de abogados aprobando un examen sin su graduación.

Su carrera como abogado fue más o menos trivial. Encontró trabajo en la oficina de Wall Street de Carter, Ledyard & Milburn. Los bufetes de este tipo normalmente eligen a sus pasantes entre los destacados en las principales escuelas de derecho del Este. Roosevelt no destacaba, ni siquiera se había graduado. Pero la influencia de su familia bastaba para reemplazar esas cualificaciones. Aquí de nuevo su gusto por los barcos dirigió su rumbo. Dedicó su práctica al derecho marítimo. Pero dedicaba una gran parte de su tiempo (de hecho, cada vez más) a su papel de joven hacendado, como sucesor de su padre. Pasaba mucho tiempo en Hyde Park y, en verano, en Campobello Island. Realizaba con su esposa visitas ocasionales a Europa. Y siempre continuó comprando pinturas y grabados de antiguas batallas navales y libros de historia naval. Sus gustos, sus aficiones, sus intereses iban todos en esa dirección. Nunca fue un lector de libros. No dedicó demasiado tiempo a la lectura o estudio del gobierno.

Las lecturas que tuvo fueron más bien en el campo militar y especialmente en historia naval. Pero sería un error considerarle un estudioso de estas cosas. Más bien tenía un aprecio sentimental. Seguía una pasión por los barcos, especialmente los navíos de guerra, en lugar de un interés por los elementos científicos y estructurales o los factores técnicos en estrategia naval. Era una afición, una forma de disfrutar y no un campo de estudio o investigación.

3

En 1910, el país se vio agitado por uno de esos vientos premonitorios que preceden a la gran ráfaga. William H. Taft era presidente y su administración se encontraba muy cerca de los escollos. Su partido estaba desgarrado por las insurgencias; las empresas encontraban múltiples dificultades; había una creciente marea de rebelión contra el siempre creciente poder de las agrupaciones de grandes empresas; la ira del pueblo se desataba especialmente contra el «trust del dinero»; los escándalos estaban a la orden del día. Lo que estaba sucediendo (aunque no lo entendiera ninguno de estos líderes políticos) era que la economía monetaria capitalista atravesaba uno de sus inevitables y frecuentes periodos de ralentización. Esto ocurre cada cierto número de años desde tiempo inmemorial. Cuando ocurre, los líderes populares normalmente echan la culpa a cualquier cómoda malevolencia que quien esté en la cumbre en ese momento, generalmente al partido en el poder.

En la ciudad y el estado de Nueva York, uno de los principales políticos de nuestra historia tiraba del Partido Demócrata, con el Tammany Hall como tractor. Era Charles Murphy, que se preparaba para la campaña para gobernador del estado de 1910. Murphy se las arregló hábilmente para aunar tras su candidatura elementos divergentemente hostiles tanto a Taft como a Theodore Roosevelt. Los duros ataques contra la administración republicana de Taft llevaron a muchos republicanos liberales a las filas demócratas. Al mismo tiempo, Murphy llegaba a un acuerdo con el infame William Barnes, el jefe republicano del estado de Nueva York, por el cual Barnes permitía el hundimiento de la candidatura republicana para perjudicar a Theodore Roosevelt. El viento soplaba a favor de los demócratas. John W. Dix fue elegido gobernador. Y el joven de veintiocho años Franklin D. Roosevelt arrasaba para entrar en el senado estatal aprovechando la cresta de la ola.

Creo que somos justos con Mr. Roosevelt si decimos en este momento que no había ninguna razón especial por la que fuera elegido para el Senado. No había participado en política. No tenía carrera en ningún sentido. No estuvo especialmente entusiasmado con la nominación. El condado de Dutchess era republicano. No había muchas posibilidades para un demócrata. La ciudad de Poughkeepsie era sin embargo demócrata y los líderes demócratas allí estaban interesados en elegir un representante para la Cámara de Representantes del estado. Lewis Stuyvesant Chanler, un vástago de una familia rica como la de Roosevelt, ocupaba el escaño y quería ser reelegido. Los líderes de la sede del condado normalmente nombraban a algún miembro de las «familias del condado» o los grandes hacendados para añadir brillo a la candidatura y conseguir contribuciones de campaña. Eligieron a Roosevelt y le pidieron que se presentara. No creyó tener muchas posibilidades en las elecciones y se retractó, pero acabó aceptando. Fue elegido, pero no, como se ha supuesto a veces, como resultado de un ataque a los jefes del condado. La arrasadora victoria de los demócratas jugó a su favor y se encontró con veintiocho años como miembro del senado estatal arrastrado a este por fuerzas con las que tuvo poco o nada que ver.

Allí se convirtió en una referencia brillante en relación con un episodio: el intento de William Sheehan de convertirse en senador de los Estados Unidos para suceder a Chauncey Depew. Charley Murphy había elegido a Sheehan como su candidato. Sheehan había sido líder demócrata de Buffalo, líder demócrata en la asamblea y vicegobernador del estado. Fue en su momento miembro del Comité Nacional y, desde 1896, abogado en ejercicio en la ciudad de Nueva York. Era un abogado hábil y un maestro de la política, pero un ejemplo completamente corrupto de ambas profesiones. Alton B. Parker, que había sido candidato demócrata a la presidencia en 1904, era su socio. Sheehan era conocido como el agente político de las empresas de servicios públicos y de muchas otras grandes empresas poderosas. Su candidatura al Senado fue contestada por muchos líderes del partido: los liberales porque estaban en contra de un control corporativo del estado y algunos conservadores porque pensaban que sería una rémora para la inminente batalla de 1912 en la que olían la victoria.

En una sesión conjunta de la asamblea legislativa eran necesarios 101 votos para elegir un senador. Sheehan no tenía tantos entre los demócratas, Sin embargo, Murphy contaba con el poder de la asamblea electoral para lograr su objetivo. La norma era que un candidato que obtenía una mayoría en una asamblea electoral del partido obtenía el derecho al apoyo de todos los miembros del partido que tomaran parte en ella.

Por supuesto, el grueso de la fuerza de Murphy estaba en los miembros de la ciudad de Nueva York y unas pocas ciudades grandes. Los demócratas rurales del estado eran normalmente enemigos del Tammany Hall. No hacía falta que un legislador demócrata del norte del estado fuera especialmente osado para estar en contra del Tammany. El joven Roosevelt, de Dutchess, se alió enseguida con los que se oponían a Sheehan. Con el paso de los años, se ha extendido la historia de que fue el líder del movimiento. Esto se corresponde poco con los hechos. La oposición a Sheehan era generalizada. Incluso en la ciudad de Nueva York, entre los líderes de distrito de Tammany había un creciente ánimo de revuelta. Al menos seis prominentes jefes de distrito se oponían a la elección. J. Sargeant Cram, uno de los ayudantes más cercanos de Murphy y presidente del Comité del Condado de Nueva York, denunció públicamente la selección de Sheehan y trabajó activamente por su derrota. Thomas Mott Osborne y William Church Osborne fueron los líderes del movimiento en Albany. La lucha tomó forma en torno al nombre de Edward M. Sheppard, un distinguido abogado de Nueva York, para oponerse a Sheehan. El objetivo estratégico de la oposición era hacer que suficientes demócratas rechazaran tomar parte en la reunión electoral para evitar que esta tuviera en algún momento una mayoría de la asamblea legislativa en ella. Diecisiete miembros demócratas acordaron esto. Roosevelt fue uno de ellos. También lo fueron Mr. Lewis Stuyvesant Chanler y el otro representante del distrito de Roosevelt. Al ir progresando el enfrentamiento, Roosevelt fue siendo empujado al frente. Su nombre era uno de los que se barajaban. Y hay que reconocer que adoptó un papel muy activo en el enfrentamiento. Consistía exclusivamente en alejarse de la reunión electoral. A su debido tiempo, quedó claro que Sheehan nunca podría conseguir una mayoría. Bob Wagner, líder de la mayoría demócrata en el senado, dijo a Murphy que la lucha era inútil y el nombre de Sheehan se retiró después de una prolongada situación de parálisis. Entonces Murphy propuso a O'Gorman, que fue rápidamente aceptado por los recalcitrantes, incluido Roosevelt. El resultado fue que Murphy nombró al candidato, que era un gran jefe de Tammany Hall.

La derrota de Sheehan fue un gran trabajo. Los hombres que la lograron fueron Edward M. Sheppard y los Osborne. Estuvieron bien secundados por los diecisiete legisladores del norte del estado, uno de los cuales era Roosevelt, que adoptó un papel prominente en la tarea y que se vio empujado al frente por el valor de su apellido. Sin embargo, no era una tarea que requiriera una especial valentía o capacidad.

Roosevelt no desempeñó ningún papel importante en ninguna otra actividad de la asamblea legislativa. Se presentó a la reelección en 1912 y, en ese gran año demócrata, fue reelegido.

4

En marzo de 1913, las masas demócratas, lejos de donde se cortaba el bacalao desde 1892 (veintiún largos años) se reunían en Washington para la toma de posesión de Woodrow Wilson. El joven Mr. Roosevelt también fue a Washington.

Había apoyado a Wilson. Había viajado a Trenton un año antes cuando Wilson era gobernador de Nueva Jersey, para ver a Joseph Tumulty, el secretario de Wilson. Había viajado a Nueva York con Wilson y Tumulty y hablado de apoyar en el estado de Nueva York al gobernador de Nueva Jersey. Se había entusiasmado con Wilson e hizo un intento de organizar un movimiento demócrata a su favor en el estado de Nueva York. Pero no consiguió nada. Había sido delegado de su distrito en la convención de Baltimore que nominó a Wilson y allí conoció a Josephus Daniels y otros líderes nacionales.

Wilson era un intelectual liberal. Era un reformador político, enemigo de las maquinarias políticas, defensor de la libertad individual y la empresa libre, sobre todo de la libertad frente a las restricciones del monopolio, las fusiones comerciales, las asociaciones formadas para controlar precios y producción. El gran problema del momento giraba en torno a estos principios.

Es difícil saber hasta qué punto preocupaban a Roosevelt estos problemas, que entonces tenía 31 años, ya que no existen evidencias de que hubiera dedicado mucho pensamiento o estudio a estos temas. En general, puede decirse que sus intereses no iban en esa dirección. Pertenecía a ese elemento de Nueva York que podría llamarse la escuela del «bienestar social». Estaba compuesta en su mayor parte por personas ricas a las que les interesaba hacer algo por los pobres, con fondos privados. Era un reflejo del espíritu de *noblesse oblige*: la convicción de que quienes son ricos deben hacer algo por los pobres. Bajo su patrocinio se hicieron muchas cosas buenas, se iniciaron muchos movimientos excelentes, sobre todo instituciones de caridad, clubs de jóvenes, orfanatos, clínicas gratuitas, enfermerías de barrio, maternidades y todo tipo de intentos de personas acomodadas por mejorar la condición de los menos afortunados. Por supuesto, se basaba muy fuertemente en la completa defensa de la riqueza acompañada por un sentido generoso de la obligación de usar esa riqueza por el bien público.

No quiero decir que el propio Roosevelt o su madre tomaran parte en estas acciones públicas de caridad. En realidad, los Roosevelt (esta rama al menos) no eran tan ricos como se suele suponer. El padre de Roosevelt dejó una herencia valorada en 300.000 dólares, dividida en tres partes (cada una para su madre, su medio hermano y él mismo). No tenía la posesión de ese dinero, sino solo de sus rentas. Su madre había heredado mucho más de su padre. Algunos estiman que la cantidad era de aproximadamente un millón de dólares. Probablemente era bastante menos. Y parte de ella estaba en la gran propiedad de Hyde Park. Esto puede parecer mucho. Pero los Roosevelt se movían en una sociedad de gente enormemente rica que gastaba dinero de forma desenfrenada. Su renta, aunque aparentemente grande (Roosevelt por sí solo ganaba bastante poco), cuando se distribuye entre dos propiedades en el campo, dos mansiones en la ciudad y una vida entre los más grandes millonarios no permitía mucho margen. Además, la anciana Mrs. Roosevelt era una gestora muy prudente y muy poco generosa. De hecho, la familia cercana de Franklin D. Roosevelt siempre había pasado por apuros financieros más o menos grandes, manteniendo el estilo de vida que les imponían sus vecinos y amigos dentro de los límites de una renta que puede parecer grande para el ciudadano medio, pero que era muy ajustada para los hacendados de las orillas del Hudson. De hecho, la propia familia del presidente (no la de su madre), hasta 1933, ha luchado contra las exigencias de una situación social sin la inmensa renta necesaria para su apoyo. Por tanto, había muy pocas posibilidades de que la familia desempeñara un papel importante en la financiación real de las actividades de beneficencia de la teoría de la *noblesse oblige*.

Pero en torno a 1912 el movimiento para obligar a los empresarios a tratar más humanamente a sus trabajadores ya se había expresado en movimientos a favor de leyes de bajas laborales, mejores inspecciones de fábricas, leyes de trabajo infantil, asignaciones públicas para actividades sociales. Roosevelt simpatizaba con todo esto, aunque, por supuesto, todavía no había hecho nada personalmente ni como legislador en ese sentido.

No había pensado en absoluto acerca del propio problema de la pobreza (cómo podía prevenirse en lugar de mitigarse o aliviarse). Era un reformador en espíritu, pero de un tipo sumamente amable y tibio. No sentía ninguna furia ardiente contra los males de su sociedad. Mantenía las relaciones más felices y cordiales con los hombres a los que denunciaban los reformadores más firmes del estilo de Bryan. Es justo decir que el joven senador Roosevelt estaba bastante satisfecho con su mundo y tenía el interés propio de un caballero por corregir aquellos desajustes tan evidentes que pudieran corregirse sin levantar muchas ampollas a su alrededor. Ya había desvelado para entonces ese deseo de conseguir una buena opinión de la gente (de todo tipo de gente, incluso de aquella a la que se oponía). En la lucha de Sheehan en el Senado no tomó partido, no dijo ninguna palabra desagradable, ni siquiera de Charles Murphy, confraternizó en los términos más cordiales con los que lideraron la candidatura de Sheehan. Era el tipo de joven que no podía soportar que alguien pensara mal de él.

Aparentemente, hasta este momento estaba lejos de decidirse por una carrera. El derecho parecía interesarle poco. No había participado en ningún negocio. Dedicaba mucho tiempo al ocio. Se había visto arrastrado a su cargo político por la insistencia de los políticos de Poughkeepsie. Y descubrió que le gustaba la política. No le gustaba investigar. No tenía madera de estudiante. La política le permitía tratar distendidamente con la gente, hablar, ir a reuniones, participar en conferencias, divagar, hacer amigos, tener una opinión, sin profundizar y sin esa seria disciplina tan esencial para ejercer una profesión o tener negocios. Había sido reelegido para el senado. Había apoyado a Wilson. ¡Wilson fue elegido! ¿Por qué no debía ir a Washington? ¿Y por qué no podía ser subsecretario de marina? Theodore Roosevelt había ocupado ese puesto. Ahora los demócratas estaban en el poder: ¿Por qué no debería ocuparlo un Roosevelt demócrata loco por la marina?

Cuando Roosevelt fue a Washington, le ofrecieron lo que quería. Josephus Daniels había sido elegido por Wilson como secretario de marina. Daniels había pedido a Wilson que aprobara el nombramiento del joven Roosevelt como subsecretario. Daniels le dijo que admiraba a Roosevelt, que pensaba que era «el joven más apuesto y encantador que había conocido desde hacía mucho». También dijo que el subsecretario tenía que ser del norte. A Wilson le gustó la idea de un Roosevelt demócrata en su administración. El día de la toma de posesión Daniels le ofreció el puesto a Roosevelt, es decir, le preguntó si le gustaría. «¡Que si me gustaría!», exclamó Roosevelt, «Preferiría ese puesto a cualquier otro en la vida pública. (…) Toda mi vida me ha entusiasmado la marina».

El nombramiento ofrece una interesante información adicional sobre la manera en que se producen las promociones políticas en Estados Unidos. El subsecretario de marina es una persona muy importante. Cabe preguntarse qué formación o experiencia había tenido este joven que justificara su aptitud para este puesto. Nunca había tenido ninguna experiencia administrativa. No tenía literalmente ningún historial aparte de una breve carrera política en el legislativo estatal. Su único trabajo en el entorno privado era una pasantía legal en un gran bufete durante un par de años, trabajo al que dedicaba poco tiempo y sin interés. No tenía ninguna experiencia con la marina. Solo había coleccionado muchas pinturas de barcos de guerra y algunos libros sobre ella. Fue elegido, por supuesto, debido a dos fuerzas completamente hostiles, Woodrow Wilson y Theodore Roosevelt: la marea de Wilson que llevó a los demócratas al poder y el apellido Roosevelt en Nueva York, que hacía que este joven sin experiencia tuviera un especial valor para los demócratas.

Por lo que se ve, fue un subsecretario de marina bastante bueno. Tan pronto como se vio en el cargo hizo, por supuesto, exactamente lo que cabía esperar de un joven que quería ir a Annapolis, coleccionaba escenas de batallas navales y adoraba los navíos de guerra. El mundo gozaba de una profunda paz. Pero antes de llevar un mes en el cargo empezó a reclamar una gran marina. La administración demócrata, de Wilson abajo, estaba poco interesada en esto, si es que no se oponía directamente a ello. Roosevelt se convirtió en casi el único defensor de una gran marina en la administración. El secretario Daniels también recelaba de la idea, así como de los astilleros y las acerías interesados por el tema. Así que Roosevelt era considerado en el departamento como un regalo de Dios para los almirantes. Superaba a todos. Los cautivaba. Disfrutaba con ellos. Amaba los barcos, tenía por supuesto su propia bandera (la bandera de la secretaría) que ondeaba en los barcos de guerra cuando abordaba estos. Disfrutaba y gozaba con los ceremoniales más complejos.

El 11 de abril, solo unas pocas semanas de jurar el cargo (cuando no había nubes de guerra en el mundo), decía:

Esta no es una cuestión de guerra o paz. (…) Nos enfrentamos a una condición (…) el hecho de que nuestro país en el pasado decidiera tener una flota y de que la guerra sigue siendo una posibilidad.

Queremos que el país también sienta que al mantener fuerza bélica de la máxima eficiencia *estamos al mismo tiempo educando a miles de jóvenes para ser mejores ciudadanos.*

Esto resulta muy interesante. Pues aquí le vemos jugando con una idea que impulsaría durante años: *que la formación militar educa a los jóvenes americanos para ser mejores ciudadanos.* Hay muchos que creen que cierta formación militar en institutos y universidades añade un elemento útil a la educación. Pero que un periodo en el ejército o la marina por sí mismo, con su disciplina, su estratificación de clases, su vida obedeciendo órdenes, sea exactamente el tipo de educación apropiado para los ciudadanos americanos, esa es una opinión compartida por pocos educadores en este país.

Posteriormente (y antes de que estallara la guerra en Europa), escribió en *Scientific American*, el 28 de febrero de 1914:

Lo que tiene que temer este país no es una invasión. ¿En tiempos de guerra nos contentaríamos, como las tortugas, con quedarnos dentro de nuestro caparazón y ver cómo un enemigo nos reemplaza en cada puerto periférico, usurpa nuestro comercio y destruye nuestra influencia como nación en todo el mundo? Pues esto ocurrirá con tanta seguridad como la que pueda tener cualquier ser humano si un enemigo de Estados Unidos consigue el control de los mares. Y ese control depende absolutamente de una sola cosa: la eficacia preponderante de la flota de combate.

Nuestra defensa nacional debe extenderse por todo el hemisferio occidental, debe extenderse miles de millas en el mar, debe abarcar las Filipinas y dondequiera que pueda estar nuestro comercio. (…) Debemos crear una marina no solo para proteger nuestras costas y nuestras posesiones, sino también nuestra propia marina mercante en tiempo de guerra, sin que importe hasta dónde tengamos que llegar.

Aquí, treinta y seis años antes de que estallara la Guerra Mundial o incluso se imaginara, este joven, enamorado del poder de la marina y de los escuadrones de batalla, estaba hablando de defensa nacional. Pero explicaba muy claramente que no estaba pensando en ninguna invasión, sino en el poder naval sobre todos los mares del mundo, lo suficientemente grande como para afirmar nuestro poder en todas partes, «debe extenderse miles de millas en el mar». He aquí el precursor del plan para crear el llamado «cinturón de seguridad» implantado en lugares a 600 millas de la costa que se anunció el año pasado. No ha llegado todavía a los miles de millas soñados por el joven guerrerosecretario.

Cuando empezó la guerra en Europa, Mr. Roosevelt se convirtió inmediatamente en uno los miembros más belicosos del grupo de la administración en Washington. Entre quienes eran sus invitados habituales en su casa y las casas del pequeño círculo de cenas a las que se movía estaba el embajador inglés, Lord Reading, que había sido enviado aquí para llevar a cabo casi la misma tarea que está prestando hoy Lord Lothian: suavizar y preparar y cautivar las simpatías americanas a favor de los Aliados. Otro era el embajador francés, Jusserand. Washington en ese momento bullía con personas de todo tipo: hombres y mujeres corteses y encantadores de Inglaterra, Francia e Italia, americanos de fuertes inclinaciones inglesas y francesas, funcionarios del Departamento de Estado que, como ahora mismo, manejaban las relaciones exteriores de Estados Unidos al tiempo que aplicaban toda su influencia a favor del bando de la intervención. Todos estos grupos persistían en favorecer ese letal orgullo americano: «Europa se desmorona bajo la bota de los hunos mientras los americanos acumulan beneficios», «Inglaterra se interpone entre nosotros y el káiser, mientras nosotros interpretamos el papel del cobarde».

El subsecretario estaba en medio de esto y profundamente imbuido por la convicción de que deberíamos entrar en guerra. Por supuesto, los americanos sabían poco de esto. Entonces no sabían (y solo lo han sabido recientemente) cómo los cargos de Washington, del presidente abajo, jugaban con la idea de presentarse a la reelección con el lema de mantenernos fuera de la guerra.

Cuando entramos en guerra, Roosevelt hizo dos viajes al extranjero. Fue primero en julio de 1918, permaneciendo en el extranjero unos dos meses. Fue a muchos lugares, visitó a todas las personas importantes y también fue al frente. Pilló un fuerte resfriado que se convirtió en una neumonía y volvió a Estados Unidos. No volvió a irse hasta el 2 de enero de 1919, cuando la guerra había acabado, cuando pasó seis semanas como parte de la comisión para liquidar los astilleros de guerra.

Fue aproximadamente en este momento (durante la guerra) cuando Mr. Roosevelt empezó a hablar de un asunto del que nos ocuparemos más adelante, que es su creencia en el principio de la formación militar universal (un ejército nacional como el que tenía entonces el káiser), es decir, servicio militar en tiempo de paz.

La guerra terminó el 11 de noviembre de 1918. En ese momento el poder de Alemania había quedado completamente aplastado. La nación estaba agotada, el káiser había huido, se había creado un gobierno republicano. Toda la maquinaria de guerra de Alemania se había desmantelado. De hecho. el mundo estaba prostrado, excepto Estados Unidos, que todavía no se daba cuenta de lo terriblemente que se había visto sacudido por su poco comprendida prosperidad bélica. Pero no el subsecretario. Continuó, después de acabada la guerra, clamando por más barcos y más combatientes. El 18 de mayo de 1919 pedía una asignación suplementaria de 18.600.000 dólares «para poner a la marina en condiciones de combatir».

El 1 de febrero de 1920, seis meses después de que se firmara en París el Tratado de Versalles por las naciones europeas, Mr. Roosevelt, en un discurso en la Cámara de Comercio de Brooklyn, decía:

Si volvemos a las relaciones internacionales como existían antes de la guerra, tendremos que gastar sumas mucho mayores que nunca en el servicio naval, ya que Estados Unidos necesitará cada vez más control o protección de su comercio, en todos los mares. Esto podría suponer un costo de 1.000.000.000 dólares anuales para mantener la marina. (…) Esto parece alarmante, pero va a ocurrir; debe ocurrir si queremos mantener nuestra protección nacional sobre una base adecuada, suponiendo que las relaciones internacionales vuelven a ser las que eran. Creo que se puede decir que nuestro país reclamará en su conjunto que nuestra marina tenga que ser tan grande como la mayor.

Uno de los episodios extraños del Departamento de Marina se produjo después de acabar la guerra. Durante la guerra había habido muchísima prisa: barcos, armas, impedimentos de guerra producidos bajo planes apresurados con precios desorbitados. Probablemente no había alternativa. Pero después de 1918 la guerra se había acabado; el completo colapso de Alemania, tanto económica como armamentísticamente era un trágico espectáculo en junio de 1919, cuando se acordaron los términos del Tratado de Versalles. Pero incluso después de este el Departamento de Marina continuó con su programa de fabricación de armamento como si no hubiera pasado nada. Después del armisticio se fabricaron las quillas de noventa y siete destructores, con un coste de 181.000.000 dólares. Por supuesto, no había justificación para esto. Por el contrario, había muchas razones por las que el programa debería haberse paralizado debido a los excesivos precios de tiempos de guerra y el carácter apresurado del plan. El Comité de Presupuestos de la Cámara de Representantes preguntó al almirante Pratt sobre ello. Este contestó:

No puedo darles una razón real, práctica y concreta de por qué, pero yo diría que si se pone en marcha una gran maquinaria, como es el caso de esta fabricación, requiere cierta cantidad de tiempo para ralentizarla y hacer que funcione normalmente. (…) Nos hemos visto arrastrados por ella y antes de que podamos recuperar el paso y estabilizarla y reunirla nos hemos visto a la mitad de su fabricación.

La idea de que construir noventa y siete destructores es algo que sencillamente resulta de ponerse en marcha misteriosamente en la confusión y las prisas del momento y de que, antes de que nadie se dé cuenta, «nos hemos visto» fabricando casi cien barcos de guerra difícilmente es una explicación satisfactoria de este fenómeno.

Después de acabada la guerra se fabricaron apresuradamente diez cruceros, de aproximadamente diez millones de dólares cada uno. Eran parte de los planes del gran esfuerzo de guerra. Pero cuando se acabó la guerra ni siquiera se habían contratado. Los contratos se firmaron meses después del armisticio, algo así como si se hubieran deslizado a través de la confusión general y siguiendo un impulso que no se había atenuado. Y se construyeron bajo ese sistema fatal de tiempo de guerra de «coste superior» que produjo tantos escándalos durante esta. Muchos, si no la mayoría, de los barcos construidos en el periodo de posguerra por el departamento, en buena parte bajo las indicaciones del entusiasta subsecretario, fueron defectuosos y muchos de ellos bastante inútiles. Sin duda esto era inevitable durante la guerra. La prisa era la consecuencia de la desesperación. Los destructores se construían sobre planes acelerados y cuando se construían y llevaban al mar resultaban ser defectuosos. Pero en este periodo de posguerra, cuando el Departamento de Marina eludía el escrutinio público en un país absorbido en el terrible colapso que tenía lugar a su alrededor, estos navíos defectuosos se duplicaron.

Por supuesto, no había nada malvado en la conducta del joven subsecretario. Sencillamente se dejaba llevar por su entusiasmo por los barcos de guerra. Fue esto lo que hizo que su oficina fuera un lugar tan hospitalario para los constructores de barcos. Daniels le controlaba, desconfiado. Después de todo, Daniels había sido un hombre de negocios. Era el dueño y director de a un periódico de mucho éxito, un negocio muy exigente. Pero Roosevelt nunca había estado en ninguna empresa. Una característica singular de su carrera es que su primer cargo administrativo era uno que implicaba el gasto de un montón de cientos de millones de dólares y bajo circunstancias que suspendían todas las limitaciones y precauciones normales y necesarias. El dinero no era importante en comparación con la victoria. Y sin duda en el Departamento de Marina bajo su control el dinero no era ningún problema. En un discurso posterior en la Academia de Música de Brooklyn decía con gran satisfacción que había repartido dinero a su alrededor durante la guerra. En otra ocasión alardeaba de no haber prestado atención a las normas, regulaciones y leyes, que había vulnerado leyes suficientes como para ir a la cárcel durante 999 años. Es un hecho importante que al moldearse su carrera pública su primera experiencia en la administración resultara ser bajo circunstancias en las que la prudencia habitual, las normas del departamento, los controles normales de los negocios y las mismas leyes podían tirarse tranquilamente a la papelera todos los días. Esto dejó una huella profunda en su manera de pensar y sus métodos para conseguir las cosas. Por tanto, le fue bastante sencillo, cuando la guerra había pasado y la atención pública se dirigía a otras cosas, que su pasión por los navíos de guerra, su ambición por tener una enorme comunidad naval, la «mayor del mundo», capaz de extender su poder por los océanos «miles de millas dentro del mar», capaz defender a nuestros barcos «sin que importe a dónde puedan ir», estuviera dispuesto a colar esos cientos de millones en contratos.

5

Durante estos años en el Departamento de Marina, Roosevelt no había descuidado completamente la política. Participó en las primarias al Senado de Estados Unidos en 1914 contra el embajador James W. Gerard y fue estrepitosamente derrotado. Roosevelt se presentó con un programa contra Murphy. En 1918, Murphy le ofreció la nominación demócrata a gobernador. Por supuesto, por aquel entonces, toda la aplicación de ese riguroso programa de reformas políticas y control del poder de las grandes empresas que marcó el rumbo de la primera administración Wilson había naufragado ante las precipitadas exigencias del esfuerzo de guerra. Es bastante seguro que Roosevelt estaba poco interesado por las dislocaciones económicas que acechaban a los enormes desembolsos militares que se sentirían mucho después. Esta actitud se reflejaría luego como presidente cuando dijo a los periodistas que consideraba el método para recaudar dinero para un nuevo programa de prevención de mil millones de dólares como un detalle menor por el que no estaba interesado. Su interés no iba en esa dirección y entonces tampoco lo estaba.

En la convención demócrata de 1920, que nombró a James. M. Cox, de Ohio, a la presidencia, Roosevelt fue nombrado su compañero de candidatura. Hubo en esa campaña un ligero interés por los problemas económicos derivados del primer mandato de Wilson y de la propia guerra. Pero es evidente tras leer los discursos de todos los candidatos que ninguno de ellos entendía estos. Los sindicatos estaban interesados en mantener las escalas salariales creadas por la inflación de la guerra, los granjeros ansiaban mantener hasta donde fuera posible los precios locos de la guerra, todos querían tener todas las sensaciones económicas agradables de la guerra teniendo al mismo tiempo tan pocas cargas como fuera posible. El pueblo como consumidor había empezado a protestar contra los precios de la guerra que eran incluso superiores en tiempo de paz. La población en su conjunto quería retener los beneficios y dividendos de la guerra, pero librarse de sus fiebres frenéticas y perturbadoras. La «Vuelta a la normalidad» de Harding captó el interés popular. Pero por encima de todos los demás problemas estaba la política exterior del presidente Wilson, representada en la Sociedad de Naciones.

Roosevelt, como candidato a la vicepresidencia, se puso a dar discursos a favor de la Sociedad de Naciones. Con Cox y los candidatos demócratas al Congreso en general obtuvieron una aplastante derrota: 404 votos electorales contra 127. La candidatura solo ganó en los estados del sur, y no en todos ellos, perdiendo en Tennessee y Oklahoma.

Por supuesto, esto no manchó el blasón de Roosevelt. El Partido Demócrata había sido derrotado antes de nombrar a sus candidatos. Hubo una fragorosa batalla por la nominación presidencial, pero el puesto de vicepresidente en la candidatura no atraía a ningún personaje importante del partido. El país estaba harto de las turbulencias y las polémicas de la guerra. Estaba en medio de la depresión de la posguerra. Quería volver a los negocios bajo un liderazgo empresarial. Estaba profundamente harto de su asociación con Europa y quería desligarse de ella. Estaba desilusionado con sus objetivos caballerescos por los que había luchado, debido a la fría crueldad del tratado de paz y el egoísmo de los imperios victoriosos. Quería seguir con sus asuntos. Y el partido de Woodrow Wilson no tenía ninguna oportunidad. Tras esa derrota, Roosevelt abandonó la vida pública hasta 1928, cuando fue nominado para gobernador de Nueva York.

Capítulo II
LA NUEVA ERA

1

Roosevelt había dimitido como subsecretario de marina poco después de su nominación a la vicepresidencia. Derrotado en noviembre, ahora estaba desempleado. Esto se arregló en enero de 1921, cuando empezó a trabajar como director al cargo de la oficina de Nueva York de la Fidelity and Deposit Company de Maryland. Fue contratado por Van Lear Black, un compañero en el club de yates que poseía el periódico *The Sun* de Baltimore y era presidente de Fidelity.

La revista *Fortune* indica que por este cargo Roosevelt ganaba 25.000 dólares al año, lo que eran los primeros ingresos importantes que conseguía fuera de lo que le producían sus propiedades. Asumió en cargo en enero de 1921. Luego, mientras le visitaba Black en Campobello, le atacó una parálisis infantil. Eso parecía un serio obstáculo para una carrera prometedora. Tenía exactamente cuarenta años y era atractivo, atlético, vigoroso y resplandeciente de salud. Le llevaron a un hospital de Nueva York y luego a su casa en la Calle 65. En unos seis meses fue capaz de moverse con muletas. En primavera volvía a su oficina ocasionalmente. Durante tres años después de empezar su enfermedad, dedicó la mayoría de su tiempo a ejercicios, tratamientos y visitas a Florida y luego a Warm Springs, Georgia.

Sin embargo, fue volviendo poco a poco a sus negocios y tareas profesionales. Fundó un bufete con Basil O'Connor. Y empezó a tener poco interés por la política.

47

Es difícil decir hasta qué punto era un trabajo su cargo en Fidelity. Indudablemente no le ocupaba mucho tiempo. Mucho de este lo ocupaba su cura y también dedicaba parte de él a su bufete. Uno de sus amables biógrafos, Mr. Ernest Lindley, dice que en la aseguradora trabajaba cada día de las diez a media a la una y media, lo que incluía la hora de la comida. Estaba fuera de la ciudad mucho tiempo. Hay muchas razones para creer que era un trabajo que le concedía un admirador. Sin embargo, el apellido y las relaciones de Roosevelt eran importantes y es un hecho que el negocio de la oficina de Nueva York aumentó enormemente cuando estuvo allí. No es posible decir en qué medida se debió a la influencia de su apellido y cuánto a la creciente marea de prosperidad que envolvía al país.

Tampoco es fácil suponer que dedicara mucho tiempo al ejercicio real de la abogacía. Después de todo, este es un trabajo a tiempo completo. Y Roosevelt solo dedicaba las tardes al bufete Roosevelt & O'Connor cuando estaba en la ciudad. Pero aquí también el apellido Roosevelt, sus relaciones y su influencia deben haber sido valiosos para la empresa en esa búsqueda eterna de clientes.

El periodo que abarca este trabajo en la empresa y la práctica privadas fue uno de los más extraordinarios en la historia de este país. La recuperación del país de los avatares económicos de la guerra fue bastante acusada. La depresión duró desde 1920 a la mayor parte de 1923. Al final de 1923 el auge ya había empezado.

La razón de la recuperación es importante. El elemento dinámico en el sistema capitalista es la inversión privada a largo plazo. Esta es una economía monetaria. Por usar un ejemplo muy simplificado y de andar por casa, el dinero fluye en un enorme círculo en el que hay un agujero. Es el gasto de dinero el que mantiene en marcha ese círculo. El hombre que toma un dólar y lo ahorra en lugar de gastarlo lo retira de la circulación. El dólar, por decirlo así, cae por ese agujero en un ahorro en el que permanece inactivo. La única manera de que ese dólar vuelva al círculo del gasto activo es mediante la inversión. Cuando el ahorrador invierte ese dinero, o lo gasta en inmuebles y maquinaria, o se lo presta a alguien que lo hace, el dólar está de vuelta una vez más, viajando hasta que cae de nuevo en las manos de un ahorrador. Es la inversión a largo plazo la que lleva a los dólares del ahorrador de nuevo al trabajo.

Hay muchas más cosas en esta teoría, pero tal vez sea mejor dejarlo así en esta expresión sobresimplificada para los fines de este relato.

Tras la guerra, aparecieron varios fenómenos. *Primero*, durante la guerra se suspendió por imperativo legal todo tipo de construcción residencial. Había una tremenda escasez de vivienda para la mayor población y esto se acentuaba por el aún mayor aumento de la población en las ciudades. *Segundo*, el automóvil avanzó enormemente durante la guerra y hubo un gran estallido en la construcción de motores. Esto por sí mismo produjo muchas nuevas inversiones. Pero su efecto más importante fue producir un gran cambio en las costumbres y el modo de vida de nuestro pueblo. Creó grandes áreas suburbanas en torno a todas las ciudades. De esto surgió un inmenso programa de construcción inmobiliaria. Eran necesarias nuevas calles y carreteras para esos suburbios de la periferia, mejoras públicas, tiendas, todo tipo de instalaciones accesorias. Los granjeros compraban automóviles y reclamaban carreteras para los pueblos. Inmensos programas de construcción de carreteras, realizados con fondos prestados, hicieron que nuevos fondos alimentaran el sistema económico. Tuvieron que construirse millones de garajes, estaciones de servicio, gasolineras, así como todo un nuevo sector de suministro de gasolina. El cine mejoró sus técnicas y de repente hubo que construir salas de cine: 26.000, con un coste cada una de entre diez y veinte mil dólares a millones para las grandes catedrales del cine. Además de todo esto, las técnicas modernas en la construcción de edificios comerciales de todo tipo generaron una enorme obsolescencia en las estructuras comerciales existentes. Edificios, hoteles y bloques de apartamentos modernos que incorporaban los nuevos elementos de diseño e instalaciones se añadían a las oportunidades de inversión. Hubo un sorprendente desarrollo en la maquinaria de un nuevo tipo: la maquinaria de transporte. Los avances más asombrosos fueron en los puentes-grúa, las máquinas elevadoras, incluyendo máquinas relacionadas como la retroexcavadora, etc. Esto desplazaba a muchos obreros manuales pobres, pero creaba todo el nuevo y viril sector de la maquinaria pesada. Añadamos a esto la expansión espectacular del sector eléctrico en todos sus frentes y los miles de millones requeridos para financiar todo esto y tendremos una imagen del tipo de oportunidades empresariales que reclamaban capital y a las que fue el capital. Esta fue la base de la gran explosión de energía tecnológica y crediticia que conocemos como el auge de Coolidge.

Era inevitable que, en un periodo de auge como este, en el que todos ganaban dinero y tenían suficientes fondos como para invertir, los caballeros habilidosos, formados en las técnicas de conseguir el dinero de los incautos, descubrieran que les esperaba un paraíso. Era fácil emitir valores y era fácil venderlos. Solo se necesitaba un pequeño plan y unos pocos apellidos conocidos que lo respaldaran y un tipo listo a mano. Una de las consecuencias inevitables de todo esto fue la quiebra de nuestros estándares éticos. Y una de las peores características de esa quiebra derivaba de esta misma búsqueda de apellidos para la promoción de planes. El promotor (normalmente un profesional) tenía que embellecer su proyecto con el patrocinio de personas consideradas como respetables, exigentes y honradas. Para el hombre que tenía un apellido (y todavía mejor si era un apellido famoso) había lo que se llamaba coloquialmente una «buen moneda de cambio» para el uso de este. Así que se lanzaban centenares, si no miles, de planes poco desarrollados, mal concebidos y a veces solo medianamente honrados con dos o tres apellidos imponentes entre los directores. Esta sencilla colaboración entre hombres eminentes y promotores en las emisiones de valores se llevaba a cabo por hombres que, o no eran ni cercanamente tan meticulosos en su ética como se suponía, o eran completamente ignorantes del sentido de sus acciones.

Mr. Roosevelt no había tenido experiencia en los negocios hasta el momento en que fue nombrado vicepresidente de una gran aseguradora cobrando 25.000 dólares al año. Por tanto, es absolutamente probable que no entendiera la moralidad ni las técnicas de los caballeros de Wall Street. A pesar de su temprana relación en la política con hombres que repudiaban el código del político práctico, hay que observar que Roosevelt parecía ser sorprendentemente tolerante con ciertos valores éticos en este mundo sombrío. Tenemos por ejemplo el caso de Robert Moses. Ha habido durante algunos años una especie de pelea entre Moses y Roosevelt. Cuando Roosevelt se convirtió en gobernador mantuvo a muchos de los miembros del gabinete de Smith, pero dejo fuera a Moses, el más capaz. Había habido algo de mala sangre entre estos hombres debido a la siguiente circunstancia.

Moses era comisionado de parques del estado. Smith nombró a Roosevelt comisionado del parque Taconic, un empleo honorario. El comisionado del parque Taconic tenía derecho a una secretaría que cobraba 5.000 dólares al año por su trabajo en el parque. Uno de los personajes extraños en la vida de Roosevelt era Louis Howe. Howe había sido un corresponsal en Albany que había trabajado como empleado del comité del que Roosevelt era presidente cuando estaba en el senado estatal. Howe se fue con él a Washington como su secretario en el Departamento de Marina. Howe actuaba como una especie de secretario político, factótum y ayudante servil en general hasta que Roosevelt abandonó el Departamento de Marina. Cuando enfermó, Howe, con gran devoción por Roosevelt, se apresuró a acudir a su lado y se dedicó a atenderle de nuevo, con muy poco salario, como una especie de enlace público y político y secretario. Cuando Roosevelt fue nombrado comisionado del parque Taconic, envió a Louis Howe a Bob Moses para que lo nombrara secretario de su comisión. Esto le pareció bien a Moses hasta que Howe le explicó que estaría muy ocupado la mayoría de su tiempo con los asuntos de Roosevelt y que solo podía dedicar unas pocas horas a la semana al trabajo en la comisión del parque. Moses, que era un funcionario muy meticuloso en sus tareas, se enfureció con esto. Rechazó nombrar a Howe e hizo saber a Roosevelt que estaba loco si pensaba que podía poner a su secretario personal en la nómina de la administración. Tal vez este incidente explique los distintos códigos de ambos hombres. Tal vez también explique ciertas actitudes de Roosevelt hacia algunas de las graves responsabilidades de la presidencia que se mezclan con esta concepción más o menos confusa de la administración pública.

Como ejemplo del tipo de promociones que florecían en esos años de auge especulativo, hubo un proyecto llamado *Consolidated Automatic Merchandising Corporation*. Era un holding. Su objetivo era controlar diversas empresas que gestionaba máquinas expendedoras. Consiguió poseer cinco empresas que tenían diversos tipos de expendedoras automáticas. Estos vendedores metálicos vendían cigarrillos, caramelos, sellos, etc. Este holding, como muchos otros, tras haber obtenido el control de estas filiales y sus vendedores mecánicos, procedían a vender acciones e ilusionar a los compradores con proyecciones optimistas de los beneficios que se producirían dondequiera que el robot vendedor pusiera su pedestal de metal. Suscitaba los apetitos de sus posibles compradores con la optimista esperanza de no menos de un aumento del 3.000% en las acciones en cinco años. Anunciaba el amanecer de un nuevo día para las tiendas sin vendedores: ese feliz milenio en el que todos los vendedores se quedarían en la calle mientras los mecánicos fijos y ambulantes se ocuparían de sus tareas y en el que los salarios en lugar de dirigirse a esos vendedores desplazados se convertirían en un flujo de dividendos para los accionistas de las tiendas sin empleados. Fuera cual fuera la razón del fracaso, la tienda sin empleados no se materializó. Por cada dólar invertido en 1928, los promotores anunciaban unas expectativas de 1,50 dólares (un 150%) en 1933. Pero este beneficio no se materializó. En lugar de conseguir los 18.000.000 dólares prometidos en 1933, la empresa perdió 756.000 dólares. Los accionistas invirtieron 11.000.000 dólares. Se les dijo que la empresa tendría beneficios de 44.000.000 dólares en cinco años: el 400% del capital. Por supuesto, este brillante plan, como muchos otros, acabó en el tribunal de quiebras. Este es el tipo de cosas que no se podría haber vendido sin que lo respaldaran ciertos apellidos. Y en este caso las ofertas originales se hicieron con los nombres de Franklin D. Roosevelt y Henry Morgenthau, Jr., entre los directores. Los promotores enviaron una circular con su oferta diciendo: «El calibre de los profesionales y directores de esta empresa, la amplia diversificación de sus intereses, así como el amplio campo cubierto por estos, es una ventaja que solo se pueden permitir unas pocas compañías».

Uno de los argumentos para esta singular empresa era que los empleados dejarían de ser esclavos del salario y podrían, después de desaparecer de las tiendas, dedicar sus energías al «progreso cultural» después de ser «liberados de la mortal monotonía de un trabajo mecánico». No se decía nada de con qué sustituirían la monotonía mortal de cobrar su nómina cada sábado.

Mr. Roosevelt dimitió de la dirección de esta empresa cuando se convirtió en gobernador de Nueva York. Pero su presencia entre los directivos ilustra su modo de pensar. Puede considerarse verdad que estaba tan completamente engañado por la visión optimista de abundancia para los inversores y la deliciosa emancipación de los trabajadores de la esclavitud como cualquiera de quienes compraron las acciones y perdieron su dinero. Una mentalidad entusiasta y crédula y una disposición ver solo la parte bonita de cualquier punto de vista o remedio social o económico que se le presentara, es una característica destacada de su naturaleza intelectual. Debe de ser así. No se puede suponer que no creyera en las profecías de la empresa que bendijo con su apellido entre los directores.

Hubo más de una de estas empresas en la breve estancia de Mr. Roosevelt en Wall Street. Estas parecían ser de dos tipos: un grupo basado en la sustitución por vendedores mecánicos de vendedores humanos «que así se verían liberados para trabajos constructivos» y otro grupo interesado en explotar la inflación alemana y su situación financiera. Por ejemplo, en 1927 Roosevelt y otro grupo de directores organizaron la International Germanic Company. Los directores se reunieron y organizaron en su bufete. Esta empresa iba a financiar la industria alemana y comprar acciones de empresas alemanas. Esta empresa también acabó en bancarrota.

Otra promoción de Mr. Roosevelt tuvo que ver con la aviación. En 1923, Mr. Roosevelt comenzó a ser un profeta del futuro de la aviación. Sería buena para viajes cortos comerciales: los dirigibles se ocuparían de las largas distancias. Junto con otros, organizó la American Investigating Corporation y el General Air Service para operar dirigibles entre Nueva York y Chicago. Los promotores de esta empresa no tardaron mucho en convencerse de que se habían equivocado. En total, hubo seis o siete de estas promociones, de las cuales solo una fue bien: una pequeña compañía para especular con acciones alemanas. Vendía sus acciones en marcos alemanes y luego usaba los marcos en Alemania, donde su precio seguía siendo mejor que en el extranjero, para comprar acciones alemanas. Especuló durante unos dos años y la abandonó con una buena ganancia.

Roosevelt tuvo otra interesante iniciativa empresarial. En 1920, la legislatura de Nueva York ordenó una investigación del sector de la construcción: la investigación Lockwood. Sus conclusiones sacudieron el país. Revelaban la presencia en el sector de la construcción de todas aquellas colusiones y prácticas criminales entre líderes laborales y empresarios que florecen hoy a tan gran escala y son perseguidas por el subfiscal general del presidente Roosevelt, Mr. Thurman Arnold. Se denunció, imputó, juzgó y encarceló a muchos líderes laborales, contratistas, suministradores de materiales y fabricantes.

Cuando acabó, el sector de la construcción creó el American Construction Council para sanar y maquillar el ojo morado que había supuesto en el sector y desarrollar alguna forma de autocontrol en dicho sector. Nombro a Franklin D. Roosevelt como su presidente y se mantuvo en este puesto, junto con su bufete y su cargo en Fidelity, hasta que fue elegido gobernador.

Este era un experimento de autorregulación en el sector, diferenciado de la regulación pública. Sobre este tema, el propio Roosevelt declaraba el 2 de junio de 1922, en referencia a esta organización:

> Últimamente, la tendencia ha sido la regulación de este sector. Cuando algo va mal en algún lugar en una rama concreta de un sector, inmediatamente la opinión pública se subleva, inmediatamente la prensa, el púlpito y el público reclaman una investigación. Esto está bien y es sano (…) pero la regulación pública no es viable. Es inmanejable y cara. Significa emplear a hombres para llevar a cabo este tipo de trabajo y significa mayores impuestos. La gente no la quiere y el sector no la quiere. Cuando un sector empieza a sentir que la confianza de la gente se aleja, es el momento de poner manos a la obra y descubrir qué está mal. (…) Es el momento apropiado para una organización así: no ha habido ningún sistema, ninguna cooperación, ninguna planificación nacional intensiva.

Esta declaración aparentemente anodina tendría que analizarse cuidadosamente, pues esta es la doctrina que actualmente vemos cernirse como un oscuro nubarrón sobre las empresas americanas. La doctrina era que debía dejarse en paz a las empresas para dirigir «sus propios asuntos», que tendría que permitirse a los empresarios llegar a acuerdos para hacer normas que gobiernen los factores económicos del sector en que trabajen. Esto parece a primera vista una completa contradicción con la National Recovery Administration (NRA), que promovió posteriormente. Pero en realidad es la misma esencia de la NRA. Con esta diferencia: en este momento Roosevelt creía que las empresas debían autoorganizarse, con una especie de dictador o zar, en lugar del gobierno pastoreando todo.

2

La siguiente fase de la carrera de Roosevelt le llevó a Albany. Se había recuperado lo suficiente en torno a 1924 como para empezar a participar en la vida política. Hizo el discurso de nominación de Al Smith para presidente en la convención de 1924, cuando hubo un bloqueo en dicha convención entre Smith y McAdoo, acabando con la nominación de John V. Davis. Aproximadamente al mismo tiempo descubrió Warm Springs y empezó allí la cura que le llevó a una etapa de una salud comparativamente excelente en torno a 1928.

En ese año, toda la organización demócrata del estado de Nueva York estaba dirigida a nominar a Al Smith para la presidencia y Roosevelt era uno de los más destacados apoyos de Smith. Después de que Smith fuera nominado en Houston, los líderes demócratas apreciaron que la religión de Smith significaría una dura batalla. Smith había sido invencible en el estado de Nueva York. Había ocupado el cargo durante cuatro mandatos. Más aún, casi había aplastado completamente la oposición republicana es el estado. Smith podía haber sido reelegido triunfantemente como gobernador. Pero los líderes demócratas sabían que mucha gente que le votaría para gobernador no lo apoyarían como presidente: algunos por su religión, algunos por la aversión a Tammany en asuntos nacionales. Los líderes demócratas creían esencialmente que debían tener un buen candidato a gobernador. Hubo muchas discusiones acerca de esto. Roosevelt no fue considerado al principio. Un hecho curioso enfrentaba a estos líderes. Prácticamente todos los hombres disponibles para la nominación demócrata eran, o católicos, o abogados de alguna empresa poderosa del norte del estado. Al Smith se consideraba la máxima dosis de catolicismo que el estado podía aceptar de un golpe y, con su política de poder, un abogado de una empresa poderosa estaba fuera de lugar. Ante este dilema, los líderes decidieron consultar a Roosevelt. No se sabe si Smith tuvo alguna participación directa en esta elección. Pero cuando se tomó la decisión, Smith asumió la tarea de inducir a Roosevelt a presentarse.

Roosevelt estaba en Warm Springs. Al principio rechazó la oferta. Años después dijo a Emil Ludwig que estaba más interesado en hacer que se moviera su pierna derecha. Se fue alejando de la nominación. Pero resultaba que los planes de otros hombres requerían que Roosevelt fuera el candidato a gobernador. Tenía una buena reputación. Era una persona agradable, que gustaba a todos. Nunca había adoptado una postura muy firme en ningún tema, salvo la Sociedad de Naciones y la gran marina, así que no tenía enemigos. Su religión era la correcta, especialmente porque los republicanos presentaban a un candidato bastante endeble, que además era judío. Era un excelente candidato para capitalizar el inmenso prestigio en el gobierno estatal que había creado Al Smith para el partido. Los líderes insistieron. El día anterior a la convención, Smith volvió a telefonear a Roosevelt. Roosevelt seguía sin ceder. Entonces Smith le preguntó:

—Solo te voy a hacer una pregunta más: Si esos tipos te nominan mañana y se retiran, ¿rechazarías presentarte? —Roosevelt vaciló sin saber qué decir—. De acuerdo —dijo Smith—, no te haré más preguntas.

La convención nominó a Roosevelt al día siguiente.

Al Smith perdió la presidencia; Roosevelt fue elegido gobernador. Smith perdió en Nueva York por 103.000 votos. Roosevelt obtuvo una mayoría apurada de 25.000 votos. Ambos obtuvieron aproximadamente los mismos votos en la ciudad de Nueva York, pero en el resto del estado la religión de Smith, su postura ante la ley seca y sus relaciones con Tammany le hicieron perder votos que siempre pudo lograr en una lucha por el estado. Roosevelt evidentemente no tenía esa desventaja. Se presentaba frente a un candidato débil y el primer judío candidato a gobernador de Nueva York. Y Roosevelt nunca se había opuesto a la ley seca. Mrs. Roosevelt había sido una defensora activa de la ley seca y el propio Roosevelt había eludido siempre el asunto.

Roosevelt fue elegido dos veces como gobernador de Nueva York. Sin embargo, en 1930 la depresión de Hoover estaba en su apogeo. El Partido Republicano estaba muy desacreditado y los escándalos demócratas en la ciudad de Nueva York todavía no había llegado a un estado crítico.

Es un hecho curioso que la estancia de Roosevelt en Albany no haya sido objeto de ninguna crítica importante. Probablemente esto se deba al hecho de que la depresión era una cuestión nacional y atraía tan completamente la atención pública que los problemas en Albany pasaban más o menos inadvertidos. No hubo nada más o menos espectacular en el régimen de Roosevelt. En general continuó con las políticas de Al Smith. Tuvo un buen historial en presionar a favor de reformas sociales que había iniciado Smith: la semana de 48 horas para mujeres y niños, la extensión de las indemnizaciones a los trabajadores, la limitación de mandatos temporales en disputas laborales, el estudio de medidas sociales para los ancianos y cosas similares.

Durante su mandato como gobernador todo el aparentemente nuevo y desconcertante rango de problemas derivados de la depresión tomó forma y se extendió y abarcó a los diversos gobiernos: ayuda social, desempleo, impuestos, déficits, quiebras bancarias y empresariales y escándalos financieros. Pero Roosevelt dio pocas pruebas de ser consciente de la gravedad de la época en el que estábamos entrando.

Justo antes del *crash*, veía todo «en condiciones muy sanas y prósperas». Después del *crash* hablaba de él como un mero acontecimiento pasajero que solo afectaba a quienes habían tratado de apostar. La actitud y filosofía que improvisó acerca de este creciente desastre la podemos examinar más tarde. La verdad es que la visión de la Casa Blanca que había en la cabeza de Roosevelt tras la derrota de Smith y su propia elección se convirtieron en una pasión después de que la depresión hubiera progresado lo suficiente como para desacreditar a Hoover. Desde entonces, su mente y atención se vieron ocupados principalmente por su candidatura a la presidencia.

Un ejemplo excelente de esto se encuentra en sus mensajes al legislativo. Hay que comparar, por ejemplo, su mensaje de 1931 con el de Al Smith en 1928. El mensaje de Smith es un análisis detallado de los problemas, las actividades, las finanzas de la comunidad abarcando casi cien páginas y mostrando a todo legislador y ciudadano una imagen ilustradora de sus asuntos. El mensaje de Roosevelt comprendía trece páginas y media, una sucesión de banalidades, aparentemente redactadas apresuradamente por algún subordinado y, en un periodo de graves perturbaciones financieras, sin contener ni una sola palabra acerca de las finanzas del estado. Los dos mensajes son característicos de los dos hombres como gobernadores.

3

Un incidente del mundo bancario nos permite observar otra faceta de la forma de pensar de Roosevelt en ese momento. La City Trust Company quebró en la ciudad de Nueva York. El vicegobernador Lehman, en ausencia de Roosevelt, nombró a Robert Moses como investigador del consiguiente escándalo. Moses condenó las cuentas de ahorro y los bancos afiliados. Señaló al Banco de los Estados Unidos como un ejemplo evidente de estos males. Cuando Roosevelt volvió, ignoró el informe de Moses. En su lugar, nombró una comisión para estudiar el asunto y puso a un director del *Banco de los Estados Unidos en la comisión*. Por supuesto, la comisión no hizo nada. Redactó un informe inocuo. Unos pocos meses después, el Banco de los Estados Unidos quebraba en uno de los desastres más apestosos de todo este periodo bancario.

Lo importante es que a Roosevelt le disgustaba profundamente Robert Moses desde el incidente en el que este rechazó con enfado incluir en la nómina pública al secretario privado de Roosevelt. Eso bastó para inducir a Roosevelt a ignorar completamente, no solo el informe de Moses, sino también la grave situación de la banca, sobre la que se le había llamado la atención. La mente del presidente está poderosamente influida en los asuntos más graves por sus simpatías y antipatías. No tiene antipatía por mucha gente. Prefiere ser amistoso con todos. Pero cuando el elemento personal entra en la ecuación, es invariablemente el decisivo. El otro indicador de su mentalidad ha de encontrarse aquí en su nombramiento de un director del Banco de los Estados Unidos para una comisión para investigar una situación de la cual se suponía que el banco era el peor ejemplo. Por alguna razón que resulta difícil de entender, no se da cuenta de lo impropio de esta práctica: hay algún punto ciego u ofuscación mental sobre eso que no es fácil de explicar.

Los problemas de los bancos afiliados iban a convertirse en uno de los más escandalosos en todo el mundo bancario. Aun así, Roosevelt como gobernador, incluso después de la quiebra del Banco de los Estados Unidos, nunca hizo nada acerca de estos. Cuando fue presidente se acabó con ellos con una ley federal. Pero no tuvo nada que ver con ella. Se hizo por una propuesta de ley presentada por el senador Carter Glass a quien Roosevelt extrañamente rechazó ayudar.

Cuando Al Smith traspasó los poderes a Roosevelt, había dotaciones presupuestarias y fondos para cumplir con todos los compromisos estatales hasta el 31 de diciembre de 1930, más un superávit de 15.000.000 dólares en efectivo. Cuando Roosevelt abandona el cargo de gobernador el 31 de diciembre de 1932, el estado tenía un déficit de 90.000.000 dólares. Por supuesto, la explicación debe buscarse en parte en la depresión, con su correspondiente reducción de ingresos, pero también en la incapacidad del gobernador de aumentar los ingresos y reducir los desembolsos del estado. Aun así, muchos gobernadores cometieron el mismo error.

Lo que no es tan fácil de entender es que mientras acumulaba déficits en el estado, estaba criticando duramente a Hoover, que estaba haciendo lo mismo en la nación.

La depresión se agudizaba, los cielos se oscurecían, pero el gobernador mantenía su resplandeciente buen humor. Habló en una reunión de gobernadores en Salt Lake City acerca de las prestaciones de desempleo, pero no parecía considerar este tema de importancia acuciante: había que hacer algo, pero no era sensato apresurarse. Se oponía a las ayudas directas porque era un reparto y temía su aspecto de «destrucción de la personalidad».

Para un hombre con el temperamento del gobernador, irritado por las duras y secas realidades de las finanzas y la administración, era bastante natural que la visión de la Casa Blanca y el entusiasmo por el inminente combate político usurparan su atención. A medida que pasaban los meses y la recuperación se resistía a todos los incentivos de Herbert Hoover, a medida que se alargaban las colas en busca de ayuda social y se desvanecían los beneficios, disminuían las perspectivas de victoria de los republicanos y el valor de la nominación demócrata aumentaba cada vez más. Jim Farley, presidente estatal demócrata, colocado en el cargo por Smith, viajaba por el país buscando delegados para Roosevelt. Una de las primeras acciones del gobernador fue crear un departamento de comunicación en Albany para publicitar los logros de su administración y, en particular, los de su jefe, Franklin D. Roosevelt.

El problema de la ley seca empezó a preocuparle. Había conseguido que su esposa siguiera defendiéndola, pero la ley seca, como muchas otras cosas, se estaba viendo arrastrada por los extraños vientos de la depresión. En la campaña de 1930 por la reelección todavía esquivaba la cuestión. La conocida fidelidad de Mrs. Roosevelt a la causa de la ley seca y el silencio del gobernador se usaban para mantener el voto de los seguidores de dicha causa. Se le pidió que concretara su postura. Contestó que había sido elegido con un programa que indicaba la postura del partido sobre la cuestión, su mandato todavía no había acabado y hasta entonces «lógicamente, no hay ninguna necesidad de que me defina sobre asuntos estatales». Pero, al irse acercando la campaña, supo que Charles H. Tuttle sería el candidato republicano y que este se manifestaría a favor de la abolición. Para entonces, la ley seca se condenaba de forma general. Los hombres que durante años la habían combatido y finalmente la habían derrotado y arruinado con sus batallas estaban fuera del cuadro. Roosevelt, que al principio la había apoyado y luego había permanecido en silencio, dio un paso adelante para disfrutar de la recompensa de su abolición.

Había otro tema que le perseguía. Charles Murphy había muerto. La disciplina a la que había sometido Tammany había desaparecido. Bajo el liderazgo de Jimmy Walker había caído al estado más bajo de sus peores tiempos. Los escándalos empezaron a estallar por todas partes. Primero afectaron a la magistratura. En medio de esto, se presentó una propuesta de ley, patrocinada por la maquinaria de Brooklyn de McCooey, creando cuatro puestos de juez en Brooklyn. Los republicanos protestaron porque McCooey estaba convencido de que podía hacer elegir los cuatro jueces. Este triste estado de cosas se resolvió hábilmente mediante uno de esos famosos acuerdos bipartidistas por los que es famosa la ciudad de Nueva York. La propuesta se modificó para nombrar doce jueces en lugar de cuatro: siete para los distritos controlados por los demócratas y cinco en los republicanos. Juristas y ciudadanos protestaron en contra de este acuerdo. Pero Roosevelt sancionó esta ley. Además, admitió que había oído hablar del acuerdo y señaló que si a la gente no le gustaban los jueces que le habían elegido los jefes, podían elegir otros. Seguía esperando poder controlar la delegación de Nueva York.

Todo esto incluía la cuestión de las relaciones de Roosevelt con los políticos de Tammany. Ha sido duramente criticado por grupos progresistas y reformistas por lo que se han calificado como sus intentos de salvar a los corruptores de Tammany de la investigación que acabó arruinándoles. Todo el asunto es un embrollo. Para ser justos, hay que decir Roosevelt se enfrentaba a una situación difícil. Era un candidato a presidente. Los votos de los delegados de Nueva York eran importantes para él. Tammany controlaba una parte muy grande de los votos. Pero la ciudad de Nueva York estaba infestada de estafadores: jueces corruptos, comisionados corruptos, escándalos cada vez más nauseabundos... Era difícil moverse entre esta gente sin mancharse. Estaban haciendo que la posición de Roosevelt fuera muy difícil. Trabajaba con grandes dificultades, postulándose como el enemigo de las maquinarias corruptas al tiempo que buscaba conseguir sus votos.

Al mismo tiempo, los republicanos hacían todo lo posible por ponerle en el disparadero reclamándole que actuara. Tras graves escándalos judiciales, la legislatura republicana aprobaba una ley que autorizaba a Roosevelt a investigar la situación en la ciudad de Nueva York. La vetó. Luego vinieron las denuncias al juez Vause, del Tribunal Supremo, y los escándalos de los muelles. Los periódicos reclamaron que Roosevelt nombrara un comisionado para investigarlos. Este volvió a escabullirse. Mientras un escándalo sucedía a otro, el gobernador continuaba encontrando nuevas excusas para resistirse a la investigación. Se inició la campaña estatal de 1930. Tuttle, candidato a gobernador, denunciaba todas las tardes a Roosevelt por su tolerancia ante los escándalos de la ciudad de Nueva York. Finalmente se vio obligado por estos ataques a pedir al Tribunal de Apelación que investigara a los magistrados.

Luego un gran jurado empezó a investigar el famoso caso del juez Ewald. Los líderes demócratas, incluyendo al jefe Curry y al alcalde Walker, rechazaron renunciar a su inmunidad. El fiscal apeló a Roosevelt. Roosevelt escribió a Walker una carta que decía: «Ningún hombre debería ejercer un cargo público y rechazar renunciar a la inmunidad con respecto a sus acciones *públicas* [la cursiva es mía]». Esto sonaba a una alta virtud pública, pero era una frase astutamente concebida. Estos líderes estaban siendo cuestionados, no por acciones estrictamente públicas, sino por todo tipo de transacciones privadas escandalosas a las que supuestamente se habían dedicado. Inmediatamente anunciaron que estaban dispuestos a renunciar a la inmunidad por las acciones públicas, pero siguieron rechazando testificar. Los grupos progresistas de Nueva York dijeron que Roosevelt les había vuelto a salvar.

El Comité de Asuntos Ciudadanos y el City Club de Nueva York presentaron las acusaciones del gobernador contra el alcalde Walker y el juez Crain: quince páginas detalladas y específicas. Roosevelt no hizo nada. Remitió las acusaciones contra Walker a Walker para que contestara y rechazó dar al Comité de Asuntos Ciudadanos una oportunidad para refutar la contestación de Walker y luego rechazó todo el asunto diciendo que era algo demasiado general.

Luego la asamblea legislativa ordenó en 1931 la famosa investigación Hofstadter, con el juez Samuel Seabury como instructor. Los asombrosos descubrimientos de Seabury, que alternativamente sorprendían y divertían al país, presentaron otra nueva dificultad para Roosevelt. Seabury sacó a la luz la famosa brigada de la lata. Un miembro de esta era el sheriff Thomas Farley, cuya lata estaba llena de efectivo cuyo origen rehusaba explicar. Roosevelt no se inmutó. Tras tres meses, Seabury pidió a Roosevelt que hiciera algo. Tampoco hizo nada. Un mes después (el 18 de enero de 1932), el Comité de los Mil y el Comité de Asuntos Ciudadanos de Nueva York remitieron el caso a Roosevelt en forma de acusaciones concretas contra Farley. Roosevelt tardó casi cuatro meses en actuar. Creció la preocupación entre sus seguidores progresistas. Fue entonces cuando llevó a juicio a Farley y lo cesó, con una declaración que se ha hecho famosa. Esa declaración es que como asunto de política pública un funcionario que esté bajo investigación y cuyo nivel de vida o depósitos bancarios excedan su salario público «tiene una obligación con la sociedad de dar una explicación razonable o creíble de los depósitos o la fuente que le permite mantener un nivel de vida por encima de su salario». Esta declaración la escribió Raymond Moley, que para entonces se había incorporado como organizador del *brain trust* de Roosevelt.

Tras esta declaración, el rabino Stephen Wise y el Dr. John Haynes Holmes, del Comité de Asuntos Ciudadanos, dos ilustres ciudadanos de Nueva York, hicieron una lista de cargos contra el sheriff James McQuade, del condado de Queens, y John Theofel, del Tribunal Testamentario de Queens. Ambos tenían grandes depósitos bancarios y McQuade se había convertido casi en un personaje nacional de comedia como resultado de la investigación mordaz de Seabury. Esta vez, Roosevelt perdió su paciencia, pero no con McQuade y los estafadores, sino con el Dr. Holmes y el Dr. Wise. Les acusó de una grave incorrección por pedirle que presionara «a un alto cargo judicial».

Roosevelt rellenó algunas de las vacantes causadas por la investigación de Seabury siguiendo las recomendaciones del jefe Curry. Cuando Wise y Holmes protestaron por el rechazo de Roosevelt a actuar, el propio Roosevelt respondió con aspereza: «Si sirvieran a su Dios como buscan servirse a sí mismos, el que ganaría sería el pueblo de Nueva York».

Al final, Seabury puso en su punto de mira al alcalde Walker y lo atacó despiadadamente. El testimonio era irrebatible, pero Roosevelt de nuevo se negó a actuar. Entonces Seabury presentó cargos. La convención demócrata estaba a punto de celebrarse. Roosevelt maniobraba para aplazar este calvario hasta después de la convención. La batalla por el control de esa delegación de Nueva York dirigida por la banda de la ciudad seguía en marcha. Finalmente, a principios de junio, Seabury presentó acusaciones formales contra Walker ante Roosevelt. Roosevelt envió las acusaciones a Walker y aplazó el juicio hasta después de la convención.

Roosevelt llevó a juicio a Walker en agosto. Para entonces, le habían nominado a la presidencia. Había sufrido mucho ante los grupos reformistas en Nueva York, pero dio un buen espectáculo durante el juicio de Walker. En este caso, por sugerencia de Raymond Moley, Roosevelt pidió a Martin Conboy que actuara como su abogado. Conboy era un jurista capaz, experimentado y estudioso. Analizó las evidencias, se sentó junto a Roosevelt, prepararon el interrogatorio y le asesoró en general. A medida que Walker testificaba ante Roosevelt, su alegato se hacía más oscuro y complicado. Mucha gente empezó a preguntarse por qué no actuaba Roosevelt. Sigue habiendo ciertas dudas acerca de lo que tenía que haber hecho Roosevelt. Se sabe que expresó ciertas dudas acerca de si tendría que acabar con Walker. La campaña estaba en marcha, el Partido Demócrata en la ciudad de Nueva York estaba en manos de los patrocinadores de Walker y el voto de Nueva York en las elecciones era importante para él. En medio de todo esto, Walker dimitió.

Después de eso, Roosevelt se lanzó a la campaña por la presidencia y, a todos los efectos prácticos, se acabaron sus actividades como gobernador.

Una valoración justa de Roosevelt como gobernador sería que fue un buen ejecutivo, pero en modo alguno uno brillante. Tuvo un excelente historial en su apoyo de aquellas políticas de justicia social para los trabajadores y los pobres que había iniciado Smith, pero no tuvo demasiado éxito a la hora de conseguir que se aprobaran las leyes que apoyaba. No se llevó bien con el legislativo. Como Smith, tuvo que enfrentarse a mayorías republicanas. Y no pareció saber cómo librarse de ellas como hizo Smith. Aunque su historial en justicia social fue bueno, su historial financiero fue bastante malo. En el último año tuvo un déficit de 48.000.000 dólares y puso al estado en números rojos hasta casi 90.000.000 dólares. Aumentó la deuda garantizada en 111.000.000 dólares. Sorprendió a muchos progresistas con su veto a una propuesta de función pública aprobada por la asamblea legislativa. En realidad, dedicó más tiempo a la campaña por la presidencia que a la gestión del estado. Mostró una singular complacencia con respecto a la expansión del desastre económico a su alrededor. Por otro lado, tuvo un buen historial en el poder. Por lo general siguió la línea de Smith en afirmar el derecho del pueblo del estado a la propiedad de sus ricos recursos hidroeléctricos y la inteligencia de hacer que el estado generara la energía y la vendiera a las empresas privadas para su distribución en las plantas generadoras, manteniendo así una espada de Damocles sobre las cabezas de los distribuidores para que mantuvieran precios justos en la energía para controlar el grifo de esta. Los progresistas en general aprobaron este rumbo. Pero, en conjunto, a pesar de su buen historial en temas como las pensiones a los ancianos, leyes laborales, etc., estuvieron lejos de estar contentos con él. Le temían. No les gustaba la manera en que había seguido la corriente a la corrupta maquinaria de Tammany en Nueva York (para acabar perdiendo sus votos al final). En general, creían que había mostrado una muy preocupante falta de autoridad o de voluntad de lucha, una tendencia al arreglo. Los que estaban con él, lo estaban con reservas.

Sus subordinados y jefes de departamento le encontraban dubitativo, evasivo, difícil de seguir. Nunca sabían bien cuál era su postura, cuando en realidad se escondía tras ellos cuando tenía que huir. No cabe duda de que su costumbre era tratar de agradar a todos, de cortejarlos para obtener su aprobación. Todo visitante se iba creyendo que tenía un amigo en el gobernador, que estaba de acuerdo con él. Las historias sobre esto están contrastadas y son innumerables.

Un conocido periodista, amigo de Roosevelt, escribió: «Los que han tratado con él encuentran la efusividad de su buena voluntad un estorbo, pues a menudo abandonan una reunión con la impresión de que está comprometido con una política solo para descubrir que defiende precisamente lo contrario». Es muy difícil encontrar a alguien que haya trabajado con él como gobernador que no tenga esa impresión.

Capítulo III

CONSTRUYENDO EL NEW DEAL

1

Al irse aproximando la convención de 1932, el imperioso problema que reclamaba la atención de todos era la depresión. Era evidente que el país había perdido la fe en Hoover y que estaba buscando un nuevo salvador. Todo tipo de hombres con todo tipo de planes, programas y panaceas pugnaban por la aprobación pública. Y Roosevelt estaba dando forma a sus propios planes para la redención del país.

Avanzaremos poco en la comprensión de lo que sigue si no conseguimos una idea clara de la naturaleza del gran colapso y las causas detrás de este. Esas causas resultan oscuras porque están demasiado mezcladas con incidentes humanos y dramáticos que fueron meras excrecencias, molestias y agravantes de la depresión en lugar de su causa real. Por supuesto, Hoover, siendo presidente cuando se produjo, fue acusado de ser el autor del desastre. Coolidge, que tuvo en realidad más que ver son ello que Hoover, recibió pocas acusaciones, porque salió de la Casa Blanca antes del vendaval. Pero, en realidad, las causas de la depresión estuvieron completamente desconectadas de cualquier hombre o grupo de hombres.

Después de todo, esto es el sistema capitalista funcionando en una economía de mercado: un sistema de propiedad privada, beneficio privado, empresas individuales distribuyendo sus productos y servicios por medio de dinero. Funciona de acuerdo con ciertas leyes bien conocidas. Si no sabemos bien cómo contrarrestarlas, al menos sí sabemos cuáles son.

Ya hemos señalado que la inversión privada a largo plazo es el elemento dinámico en este sistema. Los hombres ahorran. No gastarán el dinero que ahorren si no es para ganar dinero. A esto lo llamamos invertir. Es decir, un hombre no comprará algo de comer con su ahorro. Comprará una máquina para hacer algo para comer o vender con un beneficio. O prestará dinero a alguien para ese fin o para construir una casa o un ferrocarril o un servicio público. Por tanto, los ahorros de la gente nunca se gastarán si no se invierten. Por tanto, la inversión es el único instrumento que hay (salvo los impuestos) para devolver los ahorros de la gente de vuelta al flujo del gasto.

Tenemos otro dispositivo para estimular el sistema capitalista. Se llama inflación de crédito. Es un método de creación de fondos para invertir por encima de los disponibles por el ahorro. Cuando se toma dinero prestado de un banco comercial, este no entrega efectivo. El banco acepta la firma y el aval y da crédito en cuentas en un «depósito». Cuando se toma un préstamo de un banco, en realidad se aumentan los depósitos del banco. El banco crea un depósito por el mero hecho de dar un préstamo. Si se saca dinero, se hace por medio de un cheque entregado a alguien. Ese alguien normalmente lleva el cheque a su banco y el depósito creado por el préstamo no se destruye, sino que sencillamente se transfiere del banco del prestamista al banco del hombre que recibió el cheque.

De esta manera se crean enormes suministros de dinero bancario: en realidad depósitos o débitos bancarios que pueden usarse y se usan como dinero. Todo esto ocurre siempre que hay una inversión activa. Y cuando estos fondos bancarios aumentan así, pueden a su vez usarse de nuevo para más inversiones.

Esta es la forma en la que hay crédito disponible en el sistema capitalista: del ahorro monetario real y de los préstamos bancarios.

Una oferta abundante de este crédito es esencial para el funcionamiento del sistema capitalista, porque sin él no pueden iniciarse nuevas empresas ni expandirse las antiguas. Siempre que se inicia una nueva empresa o se expande una antigua, se hace poniendo en ella los ahorros de alguien o un crédito obtenido de algún banco.

Así que hay que cumplir dos cosas: primero, oportunidad de inversión y, segundo, crédito. Los hombres deben ver algo que crean que es una oportunidad para invertir su dinero y debe haber otros (ahorradores individuales y bancos) con los recursos y la voluntad de prestar.

Por eso la gente habla de la importancia de lo que llaman sectores de la industria pesada. No es un buen nombre. Sectores de bienes de inversión sería un nombre mejor: aquellos sectores en los que la compra la hacen personas con sus ahorros o sus créditos, como el sector de la construcción, los ferrocarriles, las fábricas, los servicios públicos, etc.

La razón por la que tuvimos ese gran auge entre 1923 y 1929 fueron las enormes inversiones que se llevaron a cabo con ahorro y crédito bancario. Ya hemos indicado que fue el automóvil y los inmensos cambios que supuso para la faz del país, como la construcción de suburbios, garajes, gasolineras, estaciones de servicio y los sectores del combustible y el caucho para atender los vehículos y el gran sistema de carreteras. Esto implicó una inmensa expansión del sector de los servicios públicos, que fue creciendo a un ritmo rápido y gastando miles de millones en créditos cada año. Se vio ayudado por el sector cinematográfico (no por los productores de películas, sino por la necesidad de invertir miles de millones en más de veintiséis mil salas cinematográficas). Se vio apresurado por el gran desarrollo de los electrodomésticos (aspiradoras, lavadoras, etc.) que implicaba la construcción de grandes fábricas. Todo esto se hizo sin fondos tomados de los ahorradores ni de los bancos sobre hipotecas o valores.

Mientras floreció el sector inversor, tuvimos un auge.

Era evidente que en el momento en que la gente parara de construir, expandir y tomar prestados fondos de inversión para hacer estas cosas, el auge se vendría abajo y, por supuesto, esto es lo que ocurrió. La inversión se detiene por diversas causas. En general podemos decir que se detiene cuando la gente no quiere construir o expandirse más o cuando los que tienen el dinero no quieren prestar. La gran pregunta de esta depresión fue: ¿por qué se detuvo la inversión? Mr. Hoover echó la culpa a las condiciones en Europa. Los reformistas progresistas echaron la culpa a Wall Street. Otros echaron la culpa a los sindicatos. Otros dijeron que fue culpa de la caída en los precios de los productos agrícolas.

Poco a poco, cada vez más gente fue echando la culpa a Hoover, quien, por supuesto, no tuvo nada que ver.

Los hombres dejan de construir y expandirse, o bien cuando no hay más demanda de lo que construyen o producen, o bien cuando no hay beneficio en ello. Los hombres dejan de prestar cuando no ven garantías para sus préstamos. En esta depresión, el problema no empezó con los prestamistas, sino con los inversores. La gente y los bancos estaban dispuestos a prestar mucho más de lo que los empresarios estaban dispuestos a construir o expandir. Continuaron prestando, pero no ya a constructores o expandidores y productores, sino a especuladores que aún no habían percibido lo que estaba pasando.

El problema se encuentra en ciertas áreas de inversión. El inversor no invierte su dinero en alguna idea abstracta de inversión, sino en una empresa concreta. Pone su dinero en una construcción, en un ferrocarril, en un servicio público, en una fábrica. El problema empezó en estas áreas de inversión. Primero, en el sector constructor aumentaron los precios. Los costes laborales aumentaron y las actividades laborales se hicieron tan costosas para los constructores que ya no era rentable poner dinero en una construcción. El coste de producción arruinaba la inversión. La razón de esto la veremos más adelante. Es uno de los factores más importantes en el panorama general.

Otras fuerzas limitaron el auge en la construcción. La construcción de casas y apartamentos para personas de bajos ingresos llevaba mucho tiempo sin ser rentable y se abandonó. El beneficio continuaba en los edificios de viviendas para rentas altas. Eran muy fácil conseguir dinero en bonos inmobiliarios para este fin y el dinero no estaba en gestionar los edificios, sino en vender los bonos. Por tanto, los edificios de apartamentos y apartoteles de rentas altas y edificios de oficinas se construían sin considerar mucho su demanda, hasta que el mercado sufrió un empacho de este tipo de construcciones.

En el campo del ferrocarril, toda una serie de factores estaba haciendo menos rentable la expansión de sus negocios. Había demasiados ferrocarriles sobre terreno frágil: Sus deudas eran abrumadoras. La fuerte competencia de autobuses y camiones y automóviles privados, junto con ciertos elementos regulatorios que permanecían inflexibles ahogaron la construcción, expansión, modernización e inversión en ferrocarriles.

En los servicios públicos, las cosas eran algo distintas. Estos servicios se crearon una mala reputación por los estragos de aventureros audaces y sin escrúpulos como Insull. Las propiedades de los servicios públicos se convirtieron en acciones y se llevaron a bolsa, se inflaron sus precios mediante prácticas manipuladoras poco honradas hasta no dejar ningún beneficio para el inversor.

Hubo otros factores. El país había caído en la locura de la especulación bursátil. Poco a poco, la gente con dinero iba estando cada vez menos dispuesta a poner el dinero en empresas productivas y esperar años para conseguir beneficios. Prefería en su lugar poner el dinero en Wall Street, comprando una acción hoy a 50 y vendiéndola a 75 al mes siguiente. Una consecuencia de esto fueron los incontables miles de millones de fondos de inversión corriendo en Wall Street de un especulador a otro, en lugar de ir a fabricar maquinaria y construcciones. Producimos demasiado de este dinero bancario al que me he referido (dinero creado por préstamos en los bancos). Se prestaron miles de millones sin las garantías apropiadas.

Hasta aquí, he descrito las condiciones sin ninguna referencia, salvo una (en los servicios públicos) a las malas y fraudulentas condiciones que habían aparecido en las finanzas. Incluso si estas condiciones no se hubiesen desarrollado, toda la situación era mala, económicamente indefendible y condenada a la quiebra. Pero, por desgracia, se agravaba con toda una serie de prácticas empresariales mitad malas, mitad fraudulentas. Las más importantes estaban en los bancos. Muchos bancos habían caído en manos de aventureros en lugar de banqueros. Los holdings compraban los bancos, igual que compraban las empresas de servicios públicos. Los socios de los bancos se organizaban para permitir a los banqueros usar los fondos de los bancos para sus propias aventuras. Y mediante dispositivos plenamente inmorales de manipulación, los precios de las acciones aumentaban hasta niveles de verdadera locura y estas acciones servían de base para miles de millones en préstamos bancarios. Así que, cuando llegó la quiebra, no solo tuvimos una recesión económica derivada del funcionamiento normal de las leyes económicas, sino que tuvimos una recesión convertida en un desastre sin precedentes debido al grado en el que se habían debilitado los cimientos de todo nuestro sistema financiero mediante prácticas absurdas y fraudulentas.

<h1 style="text-align:center">2</h1>

Este era el problema al que se enfrentaba el pueblo americano cuando los dos grandes partidos se reunían en junio de 1932 para elegir candidatos y diseñar una vía de recuperación.

Por supuesto, el problema en ese momento se había agravado profundamente. Porque la propia recesión había traído consigo multitud de problemas. El desempleo estaba aumentando hasta el punto de que en junio de 1932 había probablemente once millones de personas sin trabajo. Los bancos estaban quebrando y las quiebras aumentaban a un ritmo alarmante. El granjero, tras perder su mercado en el pueblo, estaba desconcertado: sus productos perdían precio, no podía pagar su hipoteca y los acreedores llamaban a su puerta. Los granjeros estaban sublevados.

Como los beneficios y las nóminas habían disminuido, estados, ciudades y gobierno federal no podían recaudar suficientes impuestos para pagar sus gastos operativos y caían en números rojos. Y esto se veía agravado por la reclamación de ayudas sociales a sus tesorerías. Así que teníamos lo que podemos llamar como problemas de desempleo, problemas bancarios, problemas agrícolas y problemas fiscales. Pero en la base estaban todos los problemas de un sistema económico que se estaba viniendo abajo poco a poco.

El problema en su conjunto se dividía en cuatro partes: (1) Cómo ocuparse de las víctimas del desastre hasta que este se remediase. (2) Cómo reparar el sistema económico: hacer que funcionara más suave y justamente en el futuro. (3) Cómo corregir ciertas injusticias y desajustes sociales graves. (4) Cómo conseguir una recuperación.

Al ir evolucionando la situación, apareció un quinto problema. Los que sabían algo del sistema económico vieron venir cambios aterradores. Este era el problema de la crisis. Esto equivale a decir que para muchos en junio e indudablemente después de septiembre era obvio que el sistema económico se encaminaba a un completo colapso, un colapso que paralizaría todos los negocios hasta que se corrigiera y que intensificaría en ese momento todas las demás dislocaciones de la depresión.

Para resumir todo esto, el problema era:

Ayuda social. Cómo proveer a los desempleados con alimento, ropa y alojamiento hasta conseguirles un empleo.

Reforma económica. Cómo corregir el sistema de forma que el flujo de inversión fuera más continuo y proteger al sistema del abuso de aquellos cuyas aventuras tendían a atascarlo.

Justicia social. Cómo podía hacerse que el sistema económico produjera más empleo, cómo podía atenderse a los desempleados y los mayores frente a los problemas del desempleo ocasional, la vejez, la enfermedad, la opresión, etc.

Recuperación. Como hacer que volvieran la inversión a largo plazo en la construcción industrial y la expansión.

Roosevelt, al enfrentarse a la inminente batalla por la nominación, se dispuso, como todos los candidatos, a proponer una serie de soluciones para los diversos problemas que afligían a la nación. Y empezó, como la mayoría de los candidatos, reuniendo a su alrededor un grupo de asesores. Louis Howe, su secretario político desde hacía mucho tiempo, estaba, por supuesto, entre ellos. Pero en enero de 1932 Roosevelt pidió a Raymond Moley, profesor de gobernación en la Universidad de Columbia, que le ayudara y posteriormente hizo que Moley formara un grupo de hombres que colaborarían para redactar un programa general. No todos estos hombres entraron en escena al mismo tiempo. Pero el grupo incluía, aparte de Moley y Howe, a Samuel Rosenman, juez del Tribunal Supremo de Nueva York y amigo de Roosevelt; Rexford Tugwell y Lindsay Rogers, catedráticos de economía de la Universidad de Columbia; Adolph Berle, Jr., autoridad en todo bajo el sol; Ralph Robey, un joven economista de la Universidad de Nueva York cuyo campo eran las finanzas. Después de la nominación se añadieron otros al grupo, incluyendo al general Hugh Johnson. Todos juntos procedieron a forjar lo que se llamaría el New Deal. Y fueron conocidos con el nombre del *brain trust* de Roosevelt. La expresión «*brain trust*» [«cerebro de confianza»] la inventó James Kieran, un corresponsal del *New York Times*. La expresión

«New Deal» [«Nuevo Reparto»] no la inventó Roosevelt, sino Moley. Roosevelt, hasta este momento, aunque llevaba años en la vida pública, no hizo ninguna contribución ni de expresiones, ni de principios, ni de términos a la vida política.

Se ganó cierta fama calificando a Al Smith como el «Guerrero Feliz» en su discurso de nominación de Smith en 1914. Ese discurso lo escribieron para Roosevelt varios hombres que trabajaron en ello. La expresión «Guerrero Feliz» fue una contribución del juez Proskauer. El famoso párrafo de Roosevelt en el caso Farley proclamando un código de honradez para los funcionarios públicos lo escribió Raymond Moley. Y ahora las expresiones «*brain trust*» y «New Deal» que usaba provenían de otros dos hombres.

Es realmente interesante hacer ahora un breve inventario del hombre que estaba en ese momento a punto de convertirse en un gran personaje y héroe nacional, observar por un momento a lo que podríamos llamar el material en bruto con el que los publicistas y la imaginación pública trabajarían en la futura «construcción» de un nuevo personaje público. Tenía cincuenta años, medía un metro y ochenta y cinco centímetros, ancho de hombros, atractivo, con ese tipo de porte distinguido que acostumbramos a ver en los actores. Tenía buena voz. No había sido muy brillante en el estrado, pero en la radio tenía una calidad especial de claridad y encanto. Estaba tullido, pero gozaba de una óptima salud. Tenía unos modales extraordinariamente agradables, lo que equivalía a un encanto y una exuberante cordialidad con las personas que parecía que le gustaban. Era un hombre que había evitado discusiones y polémicas, de forma que tenía pocos enemigos. Sabía poco o nada de economía, confesaba abiertamente su ignorancia sobre asuntos impositivos y era bastante ingenuo con respecto al tema de las finanzas. No era un estudioso, ni un lector, ni le interesaban las ciencias mundanas o trascendentales. Incluso Emil Ludwig, en su biografía oficial, tomada en su mayoría del propio Roosevelt, observaba que este estaba «alejado tanto de la religión como de la filosofía». No era un pensador. Era un hombre de impresiones e inclinaciones y sentimientos. Lo que sabía lo había obtenido sobre todo en conversación: una pizca aquí, un pedazo allá.

Tenía varias aficiones. En primer lugar, estaba su amor por su colección de pinturas de barcos de guerra y su interés por los navíos, especialmente los viejos navíos de guerra y los viejos libros sobre marina. Le gustaba navegar a vela. Le interesaba mucho la Fundación Warm Springs, creada para la cura y la investigación de la parálisis infantil. Disfrutaba mucho con su colección de sellos. En aquellos momentos en que otros hombres suelen tomar un libro, Roosevelt tomaba su colección de sellos. Su conocimiento de la historia, la ciencia, la filosofía y la literatura era bastante limitado. Conocía la historia política de su tiempo, pero era sobre todo la historia de los hombres y las personalidades, en lugar de la de las medidas y movimientos. De hecho, Roosevelt piensa en términos de personalidades. Para él, una cuestión política es una diferencia de opiniones entre dos hombres. Cree que puede resolver un problema reuniendo a ambos hombres y haciendo que se den la mano y dejen de discutir.

Nunca había escrito mucho. Era uno de esos muchos hombres públicos que están dispuestos a que les escriban sus discursos. Pero era un excelente lector. Era bondadoso, generoso en sus simpatías, quería hacer algo por los desamparados. Era vacilante, indeciso, pero impulsivo. Es decir, aplazaría las acciones y decisiones sobre casi todo hasta verse obligado a actuar, pero en cualquier momento, sin mucho cálculo y siguiendo el impulso del instante, podía seguir cualquier rumbo o movimiento a toda velocidad. Era un buen conversador, locuaz, agradable y voluble. Este era el hombre que se iba a presentar al pueblo americano como el gran personaje que le sacaría de la jungla.

3

Veamos ahora lo que, con la ayuda de sus asesores, elaboró como un programa al que llamó el New Deal.

Sobre el tema de la ayuda social, dijo: «Me opongo a cualquier forma de subsidio. No creo que el estado tenga ningún derecho a limitarse a dar dinero» (p. 43).[1]

«Bajo ninguna circunstancia», dijo también, «se debe pagar ningún dinero en forma de subsidio o en cualquier otra forma por parte del funcionario local del bienestar a ningún desempleado o a su familia» (p. 463).

Prefería la ayuda social a las obras públicas. Telegrafió al senador Robert Wagner en febrero de 1932: «Los grandes planes de obras públicas son posibles si dichas obras están cuidadosamente planificadas y son necesarias económicamente, pero no alivian las penalidades del momento» (p. 468).

Sobre el tema del gasto para la recuperación, dijo: «Se sugiere que un enorme gasto de fondos públicos por parte del gobierno federal y los gobiernos estatales y locales resolvería completamente el problema del desempleo. (…) Admitamos con franqueza que solo sería un parche temporal» (p. 625).

En julio de 1932, Roosevelt citaba positivamente el programa demócrata que prometía «un ahorro de no menos de un 25% del coste del gobierno federal» (p. 661). Criticaba a Hoover por no reducir el gasto anual para ajustarse a los menores ingresos, por enviar «más dinero público a las empresas» (p. 680). Dijo: «Acuso a la administración actual [de Hoover] de ser la administración más manirrota en tiempo de paz de toda nuestra historia» y añadió: «Por mi parte, os pido [al electorado] muy sencillamente *que me asignéis* la tarea de reducir los gastos operativos anuales de nuestro gobierno nacional» (p. 761).

Aunque Roosevelt se oponía al fuerte gasto público, se oponía todavía más a que el gobierno gastara dinero prestado. «Los ingresos», dijo, «deben cubrir los gastos por un medio u otro. Cualquier gobierno, como cualquier familia,

---

[1] Los números de página de los paréntesis usados en este párrafo y lossucesivos se refieren a las páginas del Tomo I de *The Public Papers and Addresses of Frankjin D. Roosevelt, 1928-1932*, publicado por el presidente y editado porel juez Samuel I. Rosenman.

puede durante un año gastar un poco más de lo que gana, pero usted y yo sabemos que continuar con esa costumbre significa acabar en el hospicio» (p. 663). Dijo: «Las expresiones resonantes recién inventadas no pueden dorar la píldora. Tengamos el valor de dejar de tomar prestado para cubrir los déficits continuos. Acabemos con los déficits» (p. 662).

Se oponía especialmente a que el gobierno tomara prestado de los bancos (p. 806). Condenó repetidamente a Hoover con las palabras más duras por permitir los déficits. «Considero una obligación», dijo, «del gobierno recaudar *mediante impuestos* las sumas que sean necesarias para evitar que [los desempleados] pasen hambre» (p. 798).

En Pittsburgh, en un discurso sobre el presupuesto, dijo, después de ir calentando el ambiente hasta un punto dramático: «Ahora voy a daros, buena gente, una gran sorpresa. En lugar de un gobierno en números rojos para esos dos años en torno a los 150.000.000 dólares, el déficit del 30 de junio de 1932 fue de 3.750 millones de dólares» (p. 801). Luego repitió:

«Si el ritmo de ese presupuesto [de Hoover] continúa, el verdadero déficit para el 30 de junio del año que viene será de más de 1.600.000.000 dólares, un déficit tan grande que hace que contengáis la respiración» (p. 805). No tiene sentido multiplicar estas citas.

Sobre el tema del gobierno y los negocios, dijo: «Comparto la queja del presidente [Hoover] contra la reglamentación, pero, al contrario que él, no solo me desagrada cuando la lleva a cabo un grupo informal, un grupo no oficial equivalente a un gobierno económico de Estados Unidos, *sino también cuando lo hace el propio gobierno de Estados Unidos*» (p. 680). Criticaba a los líderes republicanos por «estimular la reglamentación sin duración ni límite». En un discurso por radio dijo en marzo de 1930: «La doctrina de la regulación y la legislación por «mentes maestras» cuyo juicio y voluntad todos pueden aceptar contentos y tranquilos ha sido demasiado notoriamente evidente en Washington estos últimos diez años. Si fuera posible encontrar mentes tan altruistas, tan dispuestas a actuar sin dudas contra sus intereses personales propios o prejuicios privados, hombres casi divinos en su capacidad de sostener la balanza de la justicia sin favoritismos, ese gobierno podría actuar en interés del país. Pero no hay nada de eso en nuestro horizonte político y no podemos esperar una inversión completa de todas las enseñanzas de la historia» (p. 571).

Adoptó la postura tradicional demócrata en contra de «la tendencia ajena a nuestro sistema de concentrar el poder en lo alto de la estructura del gobierno» (p. 96). Puso un gran énfasis en el asunto de los derechos de los estados (p. 570) y dedicó una especial atención al «principio americano sagrado y de larga tradición de separación de los poderes judicial, legislativo y ejecutivo del gobierno» (p. 348).

Sobre los problemas de los granjeros, Roosevelt criticó a los republicanos por haber destruido los mercados extranjeros para el excedente de producción agrícola por medio de los aranceles FordneyMcCumber y Grundy. Criticaba toda la postura republicana con respecto a la rehabilitación agrícola y reclamaba especialmente la «derogación inmediata de aquellas disposiciones legales que obligan al gobierno federal a acudir a los mercados para comprar, vender o especular en productos agrícolas en un fútil intento de reducir los excedentes agrícolas». Mostraba su desprecio por el secretario de agricultura de Hoover, «que inventó la broma cruel de pedir a los granjeros que dejaran sin cultivar el 20% de sus terrenos para trigo, dejar de arar uno de cada tres surcos de algodón y matar una de cada diez vacas» (p. 79).

Sugirió un plan e insistió en que sería un plan que «no costaría nada al gobierno». También dijo que estaba a favor de concentrar esta tarea en el Departamento de Agricultura y reclamó economías en este, señalando que estaba lleno de empleos inútiles y prometió eliminar sus funciones y esos empleos inútiles. Dijo que solo debían usarse las instituciones existentes y, en la medida de lo posible, la tarea la debían llevar a cabo las instituciones locales.

Luego explicó su plan. Declaró que debía haber una planificación agrícola nacional, lo que significaba un uso planificado del terreno para hacer el mejor uso de nuestros terrenos, una reducción y una distribución más equitativa de los impuestos y un esfuerzo para hacer que las instituciones locales redujeran la presión fiscal, para refinanciar las hipotecas agrícolas reduciendo los intereses. Finalmente, el gran objetivo era recortar las diferencias entre los precios industriales y los precios agrícolas, entre el precio que paga el granjero por lo que compra y el precio que obtiene por lo que vende. Para hacer esto, su plan era pagar ayudas en efectivo a los granjeros que tuvieran excedentes en sus cosechas para compensar el arancel sobre las cosas que compraran. A cambio de esto, los granjeros estarían dispuestos a no aumentar su producción. Esto debería ser totalmente voluntario, *debían financiarlo los propios granjeros*, en la medida de la posible, mediante cooperativas. No debía costar nada al gobierno.

Con respecto al desempleo, por supuesto, su solución era que se reduciría por la recuperación y lo que estaba impidiendo dicha recuperación eran los altos aranceles y los déficits públicos. Eliminando los déficits públicos y reduciendo los aranceles, se garantizaría la recuperación. Pero para los desempleados estaba a favor de uso de ciertas obras públicas como medio adicional de urgencia para estimular el empleo y de la emisión de bonos para pagar esas obras públicas, «pero ya he señalado que no se atiende ningún fin económico si nos limitamos a construir sin tener un propósito apropiado. Esas obras, por supuesto, deberían ser tan autosustentables como sea posible si han de financiarse con la emisión de bonos»

Y posteriormente, el gobernador Roosevelt, en su discurso de aceptación de la nominación, reveló su gran plan para emplear a un millón de hombres. Dijo: «Hay diez millones de acres al este del Mississippi en granjas abandonadas, tierras de transición en las que ahora solo crece maleza improductiva. (…) Nos enfrentamos a un futuro de erosión en los terrenos y falta de madera. Está claro que la previsión económica y el empleo inmediato van de la mano de la reforestación de estas vastas áreas. Hacerlo *puede proporcionar empleo a un millón de hombres*. Ese es el tipo de obra pública que es auto-sustentable y por tanto capaz de financiarse con la emisión de bonos que se garantizan con por el hecho de que la obtención de enormes cosechas proporcionará un aval suficiente para la inversión. Lo he hecho antes y lo hago ahora en el estado de Nueva York». Pero esto tenía que pagarse con dinero no gastado en el Tesoro: sin impuestos y sin tomar prestado.

En el caso de los ferrocarriles, criticó la sugerencia de Hoover de «más créditos a los ferrocarriles, aumentando así evidentemente su deuda y sus costes fijos. Esta política, amigos míos, puede retrasar lo inevitable durante un corto periodo, pero por sí misma haría que el día del juicio fuera más trágico para la nación cuando llegara» (p 722).

Su plan, decía, era sacar a los ferrocarriles de los números rojos, ponerlos en pie y *reducir sus deudas en lugar de aumentarlas*. Como parte de este plan, defendía un procedimiento revisado de quiebras, la consolidación de las carreteras, la regulación de los holdings ferroviarios, la regulación por parte de la Comisión Interestatal de Comercio de formas de competencia en el transporte y cambiar la política de competencia forzosa entre los ferrocarriles.

Una las partes más importantes de todo su New Deal era su programa de servicios públicos y energía. Anunció que estaba en contra de la propiedad pública, pero que si las ciudades querían volver a ella debían tener la posibilidad de hacerlo como una forma de controlar los servicios públicos privados. Estaba a favor de la propiedad y desarrollo de los recursos energéticos federales y estatales (energía hidráulica) por los estados y el gobierno federal, con distribución privada. Pero el gobierno debía tener el derecho, si era necesario, de obligar a tener tarifas mejores para poder distribuir, teniendo así «una fusta en la alacena». Se refirió a las presas de Muscle Shoals y Boulder (esta última ya la estaba construyendo el gobierno federal), al río San Lorenzo y el rio Columbia como lugares apropiados para el desarrollo.

Así que podemos resumir el programa que el gobernador Roosevelt ofrecía al pueblo como su New Deal como sigue:

Que pondría fin al gasto público y, sobre todo, a los déficits públicos, especialmente a que el gobierno tomara prestado de los bancos, y revisaría y reformaría los aranceles. Estas dos cosas eran los principales obstáculos para la recuperación.

Que adoptaría un plan de reparto para los granjeros, pero que no costaría dinero al gobierno, sería autosostenible, estaría centralizado en el Departamento de Agricultura, no se crearían nuevas agencias y, por el contrario, el Departamento de Agricultura estaría sometido a grandes economías por la reducción de sus funciones y su personal.

Que pondría fin al apoyo público a la deuda excesiva de los ferrocarriles y les obligaría a rebajar su endeudamiento.

Que en el campo de la energía reconocería la permanencia del capital privado y su propiedad frente a la propiedad pública como el modo normal de funcionamiento de los servicios públicos, pero estaría a favor de la construcción de plantas hidroeléctricas por los estados y el gobierno federal, que era el plan de Al Smith. Sin embargo, añadía a esto que, aunque estaba a favor de la distribución privada, el gobierno se reservaría el derecho a intervenir para garantizar tarifas equitativas, a proveer una vara de medir.

Que en materia de ayuda social se oponía a las subvenciones y sobre la cuestión del gasto para recuperación se oponía a aquellas como parche, pero estaba dispuesto a emitir bonos para obras públicas autosostenibles, lo que no era sino otra forma de decir que creía en lo que creía Hoover: en proyectos autoliquidables.

Se declaraba en contra de cualquier forma de reglamentación, la reglamentación por parte de los poderosos y «por el propio gobierno de Estados Unidos» y, sobre todo, toda regulación y legislación por parte de «mentes maestras». Criticaba el monopolio, la fusión de empresas en competencia para formar monopolios y reclamaba una aplicación estricta e imparcial de las leyes antitrust. Estaba en contra de la concentración de poder en el gobierno federal, a favor de la protección de los derechos de los estados y el «principio americano sagrado y de larga tradición de separación de los poderes judicial, legislativo y ejecutivo del gobierno».

<h1 style="text-align:center">4</h1>

Este era un New Deal muy distinto del que hubo después de su toma de posesión. Las declaraciones que hizo Roosevelt antes de las elecciones suponen una lectura curiosa cuando se comparan con las cosas reales y las declaraciones realizadas después de asumir el cargo. Estas extrañas contradicciones no son fáciles de explicar. Yo me pregunto cuál de estos New Deal (el expuesto en la campaña o el puesto en marcha después de 4 de marzo de 1933) se ajusta mejor a la filosofía del propio Roosevelt.

¿Hasta dónde suscribía los planes que proclamó cuando era gobernador y hasta dónde suscribe las medidas que promovió después de llegar al poder? ¿Cuál es el verdadero Roosevelt?

Esto no es fácil de responder. Hay algunas explicaciones para sus muchas contradicciones vitales. Es un hecho que se pueden encontrar declaraciones en los discursos de Roosevelt desde casi todos los bandos de cualquier asunto público. Esto puede explicarse por el hecho de que la mayoría de sus discursos importantes se los escribía otro. Es una mala costumbre para un hombre público. Así es seguro que se encuentra un día expresando sentimientos que serán muy distintos en algún día futuro, cuando el discurso lo escriba algún autor distinto. Roosevelt hace que le escriban sus discursos porque escribir buenos discursos no es uno de sus talentos. Por supuesto, de vez en cuando escribe algún discurso, normalmente uno corto. E invariablemente es posible saber cuándo se encarga de ello. Su estilo es fácil de identificar.

De hecho, resulta muy entretenido comparar los diversos estilos que aparecen en sus discursos. Casi cualquier estudiante de redacción (y corrector experimentado) sería capaz de clasificar sus discursos de acuerdo con sus autores. No quiero decir que pueda nombrar a sus autores, sino que podría decir que este grupo lo escribió un hombre y este otro, otro y así sucesivamente, acabando con un pequeño grupo escrito por el propio presidente.

Muchos de los discursos del presidente cuando era gobernador y en la campaña se escribieron con un estilo sorprendentemente acabado. Esto es tan cierto que los periódicos empezaron a comentar acerca de nuestro presidente «estilista». Por supuesto, no podían saber que los discursos no los escribía el presidente, igual que los soliloquios de un actor en escena no suelen ser producto de su pluma. Sería igual de apropiado alabar a Mr. Walter Hampden por sus magníficas dotes poéticas debido a los nobles versos que declama en *Hamlet*. La autoría de muchos de los discursos se conoce hoy. Muchos de los discursos de campaña los escribió Moley, uno o dos Hugh Johnson. Berle escribió algunos y echó una mano en otros. Ernest Lindley escribió el discurso de Oglethorpe. Moley el discurso de aceptación. Louis Howe escribió algunos. Después de las elecciones, los discursos los escribieron otros redactores, lo que explica muchos de los sentimientos hostiles a los discursos de campaña. Una vez Roosevelt dictó uno. El famoso discurso del Madison Square Garden en la segunda campaña, que recibió muchas alabanzas, lo escribió Tommy Corcoran.

El noble primer discurso de toma de posesión fue el producto de diversas mentes. El propio Roosevelt contribuyó poco o nada. Era el actor que lo leía. La actitud de Roosevelt hacia la elaboración de discursos y las políticas económicas se aprecia muy bien en dos ejemplos.

Había que preparar un discurso sobre los aranceles. Moley pidió al senador Cordell Hull que hiciera un borrador basándose en sus ideas. El discurso de Hull cuando llegó a manos de Moley era una alocución completamente pasada de moda de «hay que acabar con los aranceles». Considerando que un discurso así sería imposible, Moley pidió al general Hugh Johnson que preparara un borrador alternativo. Hull reclamaba un recorte plano de todos los aranceles de al menos un 10%. El borrador de Johnson reclamaba una reapertura gradual de los canales comerciales por medio de una hábil negociación bilateral. Los discursos eran completamente distintos en su aproximación y su filosofía. Moley presentó ambos discursos a Roosevelt.

Roosevelt los leyó, se los devolvió a Moley y le dijo: «Mézclalos», sin ningún comentario sobre los contenidos económicos, ninguna opinión sobre las opiniones contradictorias ni cuál de ellas debía prevalecer, solo «mézclalos».[2]

Todavía más extraordinaria es la historia del discurso de aceptación en Chicago antes de la convención demócrata. Se había decidido que en caso de que Roosevelt fuera nominado, volaría a Chicago y realizaría allí su discurso de aceptación. Moley escribió el discurso y lo dejó en Albany en manos de Roosevelt y Sam Rosenman. Quedó como estaba escrito, pero ligeramente reducido. Se añadieron los últimos cinco párrafos. Es difícil decir si estos cinco párrafos los escribieron Roosevelt o Rosenman.

No muestran el estilo de Roosevelt, salvo los dos últimos. Probablemente fueron escritos por Roosevelt y revisados por Rosenman. El resto del discurso lo escribió Moley.

Moley fue a la convención. Le pidieron que consiguiera la aprobación del discurso por Louis Howe. Pero Howe, pensando que lo había escrito Rosenman, que le desagradaba cordialmente, rechazó aprobarlo. En su lugar, Howe mismo escribió un discurso completamente nuevo.

Roosevelt fue nominado y viajó en avión de Hyde Park a Chicago. Louis Howe y Moley estaban en el aeropuerto de Chicago cuando llegó Roosevelt. Howe, por su antigua

---

[2] After Seven Years, de Raymond Moley.

amistad con Roosevelt, fue con él en el automóvil. Le habló a Roosevelt de su discurso y empezó a convencer a Roosevelt para que lo pronunciara sin ni siquiera leerlo. Esta historia la cuenta Moley, quien, después de Howe, era el hombre más cercano a Roosevelt. Si no proviniera de una fuente tan fiable sería casi increíble. Nadie conocía tan bien a Roosevelt como Louis Howe y este incidente significa que Howe conocía a Roosevelt lo suficientemente bien como para creer que podía convencerlo para pronunciar un discurso aceptando la nominación a la presidencia de Estados Unidos sin ni siquiera leerlo. Howe entregó el discurso a Roosevelt en el escenario cuando estaba siendo presentado a la convención. Roosevelt tenía en su mano el discurso de Moley y el de Howe. Era un momento difícil para él. ¿Cuál debía pronunciar? Había leído y corregido el discurso de Moley. Ni siquiera había visto el discurso de Howe. Estaba a punto de aceptar la petición de encabezar el Partido Demócrata con ese discurso. Hizo algo muy típico de Roosevelt. Empezó a leer. Moley, sentado en la convención, se horrorizó al escuchar frases extrañas que no estaban en el discurso que había escrito. Roosevelt estaba leyendo el discurso de Howe. Tras leer casi toda la primera página de este, continuó con el discurso de Moley.

A partir de todo esto, podemos empezar a formarnos una imagen bastante definida del hombre que se convirtió en presidente de Estados Unidos y por cuya mente pasaron todos los difíciles problemas de encontrarse con una de las grandes crisis económicas de nuestra historia. Hay algo que destaca con sorprendente claridad: que en una gran crisis económica llegó al liderazgo un hombre que nunca estuvo mínimamente interesado por los problemas económicos, no los entendía en absoluto y que, en una grave crisis financiera, no tenía ningún interés ni conocimiento por los problemas financieros. Esto nos ayuda a entender por qué en un momento posterior pudo proponer construir cincuenta mil aviones que costarían siete mil millones de dólares y decir al país que los medios para conseguir el dinero eran un detalle menor.

Capítulo IV
LA CRISIS

A partir de aquí, no tiene sentido explicar los acontecimientos de los siguientes siete años en orden cronológico. Resultará más claro seguirlos de acuerdo con las fases y los temas al irse desarrollando.

Al llegar Roosevelt al poder, la crisis se interpuso: una especie de interludio desordenado y frenético que tenía que tratarse antes de que él o el Congreso pudieran ocuparse de los problemas de la reforma o la recuperación.

Hay una especie de suposición de que esta crisis anuló todo el pensamiento y la planificación que se había realizado hasta entonces, lo que, de algún modo, cambió el problema y enfrentó al gobierno con un escenario económico completamente diferente, Por supuesto, no es verdad en ningún sentido.

La mala gestión, los abusos, la falta de honradez que habían caracterizado a la banca de Estados Unidos durante más de una década producían su cosecha: la mayoría de los bancos estaban arruinados, los depositantes hacían largas colas reclamando su dinero, el mismo motor de la economía se había ahogado. El presidente Hoover, un año antes, había tratado de resolver el inevitable desastre bancario con la creación de la Reconstruction Finance Corporation, para poner fondos federales en los bancos tambaleantes. No pudo salvarlos. Ya en diciembre estaba a la vista la debacle inevitable. En el breve interludio entre la elección y la toma de posesión, antes de que el nuevo presidente llegara al poder y el antiguo presidente hubiera perdido el poder a todos los efectos prácticos, la situación se fue de las manos. Las fuerzas de la crisis se aceleraron y para cuando Roosevelt juró su cargo, la mitad de los bancos del país estaban al borde del colapso y quince o dieciséis millones de personas no tenían trabajo.

Casi la primera acción del presidente fue cerrar todos los bancos para evitar que todos los bancos cerraran ellos mismos. La siguiente tarea era separar a las ovejas de las cabras, los bancos buenos de los malos, para mantener cerrados los malos y poner crédito público tras los bancos reabiertos de forma que pudieran permanecer abiertos.

Roosevelt cerró los bancos, que era lo adecuado e inevitable. Hoover ya había estado dispuesto a hacerlo y las órdenes emitidas por el nuevo presidente no eran en modo algunos distintas de las que había preparado Ogden Mills, el secretario del Tesoro de Hoover, para el mismo fin. Literalmente, no había elección. La única decisión estaba en como debían reabrirse los bancos. Los términos y condiciones se discutieron en el Departamento del Tesoro, colaborando William Woodwin, el nuevo secretario del Tesoro, con los funcionarios de la administración Hoover que se quedaron para ayudar. Fue en este momento cuando ciertos seguidores del presidente extremadamente progresistas y radicales pensaron que el gobierno debería apropiarse de los bancos. Era completamente improbable que una idea así entrara en la cabeza de Roosevelt y es una verdadera suerte que no lo hiciera.

En general, la crisis bancaria se gestionó bien. Cuando se controló y los bancos reabrieron, el problema económico que se presentaba era en esencia precisamente el que el país había estado sufriendo durante un año. La inevitable desintegración económica simplemente se había agravado. La necesidad de actuar simplemente se había convertido en más imperativa.

Lo que sí habían cambiado eran el humor y el estado de ánimo de la gente. Adoptar medidas acerca del sistema económico y sus correspondientes problemas sociales se había hecho muchísimo más fácil porque la resistencia se había visto quebrada por los acontecimientos. El país estaba escarmentado. Había una conciencia de revelación y humillación sobre los pecados de la década anterior. Los grandes y en su momento arrogantes jefes financieros e industriales estaban completamente desacreditados. Algunos habían caído en desgracia, otros realmente en picado, muchos de ellos temblaban por si todas las consecuencias en el sistema económico recaían sobre ellos. Literalmente, no había ahora oposición a lo que tenía que hacerse. Un ejemplo excelente de esto puede encontrarse en el mismo asunto del gasto público. Hoover había intentado gastar un poco a pequeña escala. Toda la organización demócrata, con el gobernador Roosevelt a la cabeza, lo criticaron por su despilfarro. Si el gasto y tomar prestado eran la vía de salida y Hoover la hubiera tanteado, le habrían crucificado. Pero ahora a Roosevelt, que había sido el principal crítico del gasto, le era posible gastar miles de millones. Esto pasó porque el pueblo en su conjunto se había visto por fin obligado a abandonar la ilusión de que la prosperidad estaba a la vuelta de la esquina.

En otras palabras, la inmensidad del desastre, sin cambiar el problema, había abierto la vía para que el presidente hiciera casi todo lo que decidiera hacer.

CAPÍTULO V

EL NEW DEAL: SEGUNDA EDICIÓN

1

Antes de poder entender lo que ocurrió después, es necesario advertir dos poderosas influencias en el pensamiento público. Una era bastante nueva; la otra, bastante antigua.

La primera era el movimiento a favor de lo que se llamaba una sociedad planificada. Tenía su origen en hombres que, o bien seguían la teoría socialista de la organización económica, o bien estaban fuertemente influidos por ella. Se basaba en la presunción de que la sociedad se había permitido convertirse en la víctima indefensa y sumisa de las fuerzas y las leyes económicas; de que nuestro país poseía recursos inigualables para el suministro de casi todas nuestras necesidades; de que teníamos las habilidades tecnológicas, las materias primas y un pueblo capaz de usar estas para ofrecer abundancia para todos; de que no teníamos abundancia porque no nos sentábamos juntos y considerábamos los medios con los que se podría producir dicha abundancia. Permitíamos a las personas descontrolarse en busca de sus objetivos individuales. Permitíamos a los grupos organizarse para presionar por sus intereses creados. Ninguna autoridad reflexionaba sobre cuánta comida, cuánta ropa, cuánto alojamiento necesitaba una nación de 130 millones de almas, ni sobre cómo podía organizarse esa población para producirlos. Tampoco había ninguna autoridad para aplicar un plan, si es que podía elaborarse alguno.

Por supuesto, este tipo de razonamiento no tiene respuesta. Era sencillamente cuestión de qué tipo de plan debía asumirse,

93

quién debía hacer la planificación y para qué fin. Como no cabía en la cabeza de nadie con autoridad la idea de abandonar la economía monetaria capitalista con su propiedad privada y sus beneficios privados y sus empresas privadas, el problema era evidentemente cómo planificar un sistema de propiedad privada, y esto implicaba un examen de la anatomía de un sistema así. Los planes que tenían que crearse tenían que ser planes para una sociedad democrática operando en una economía capitalista y tenían que estar, por tanto, en armonía con la esencia de ese sistema. Al ser un sistema de individuos libres, esa planificación incluiría la búsqueda de las fuerzas motrices, los centros especiales de energía de ese sistema y tomar medidas para hacerlos funcionar: encontrar, por decirlo así, las glándulas y favorecer su funcionamiento sano, ni por debajo ni por encima de lo normal. El objetivo central era usar nuestros recursos y maquinaria para producir abundancia.

Por desgracia, muchos de los que juguetearon con esta idea pensaron que planificar en un sistema capitalista podría lograrse igual que planificando en un sistema colectivista, pudiendo dar las órdenes a la industria en el futuro y pudiendo establecer leyes y normas que gobiernen el comportamiento de los individuos, con controles en los precios, la producción y la organización de la industria. Lo que olvidaban era que la autoridad planificadora no podía obligar a las personas a invertir su dinero, no podía forzar la inversión, que es la función dinamizadora en el sistema capitalista.

Durante la crisis, proliferó en Washington un grupo de hombres serios, apóstoles de esta escuela de la sociedad planificada. Unos pocos fueron hombres que habían pensado seriamente acerca de esto durante mucho tiempo. La mayoría eran nuevos conversos, inmaduros, muchos recién llegados de despachos de abogados e intermediarios en Wall Street, echados de sus anteriores carreras por el desastre, seguidores nuevos y casi fanáticos de los planificadores.

El otro movimiento era similar a este, aunque completamente distinto. Mientras que el movimiento planificador provenía de la izquierda, este tenía su origen en la derecha. Durante muchos años, los empresarios se vieron afligidos por lo que llamaban sobreproducción. En casi todos los sectores, los empresarios estaban produciendo más bienes de los que podían vender. Esto siempre ha sido cierto en nuestro actual sistema económico, pero se convirtió en más grave a medida que aumentaban nuestros recursos y se perfeccionaban la maquinaria física y el crédito financiero para utilizarlos. Ya en 1870, en las regiones petrolíferas de Pennsylvania los productores descubrieron que podían extraer más petróleo del que podían vender. Esto llevaba a los precios a la baja. Por tanto, decidieron que la solución era producir menos petróleo y mantener altos los precios. Es muy posible que esta convicción haya sido el principio más potente de acción en la sociedad económica americana durante los últimos setenta años. Es muy natural que un hombre de negocios crea que será más próspero si no tiene tanta competencia. Es fácil entender que el fabricante medio pensará que puede conseguir un precio mejor y por tanto obtener una mayor ganancia si puede producir un poco de escasez en su producción.

Los primeros medios para alcanzar este objetivo fueron las asociaciones comerciales. Se organizaron para reunir a productores del mismo sector para reducir la producción y mantener altos los precios y hacer más difícil a otros entrar en el sector y por tanto competir con ellos. La idea se extendió a todos los sectores e incluso a los sindicatos, que trataban de limitar los trabajos de aprendiz para controlar la entrada de nuevos trabajadores en sus sectores.

La siguiente fase fue mediante combinaciones sectoriales y monopolios corporativos. Rockefeller probó con la asociación comercial, pero descubrió que no era eficiente para controlar la producción. Así que formó una combinación entre él mismo y sus competidores en una corporación: doce o catorce competidores reunidos en una sola unidad sectorial. Posteriormente se inventó el holding para facilitar este mismo proceso. Los productores siempre intentaron controlar la producción, limitarla para mantener altos los precios y producir escasez para conseguir precios y ganancias más altos.

Es inútil discutir esto. Aparentemente forma parte de la naturaleza humana que los hombres movidos por su propio interés actuarán de esta manera.

La Ley Sherman antitrust se aprobó en 1890 para controlar precisamente esto. Posteriormente, con Woodrow Wilson, se aprobaron la Ley Clayton y la Ley de la Comisión Federal de Comercio para fortalecer al gobierno en su control de este movimiento. Hombres como Woodrow Wilson (quien, al contrario que Roosevelt, había leído mucho acerca de la historia de la civilización) se dieron cuenta de que este movimiento, por muy natural que fuera entre los hombres de negocios, se basaba en la teoría de que la escasez en la producción era esencial para conseguir altos precios y ganancias.

Después de la Guerra Mundial, este movimiento, que hasta entonces se había considerado fuera de la ley, empezó a ponerse las vestiduras de la respetabilidad. La Cámara de Comercio de Estados Unidos y diversas asociaciones comerciales empezaron una campaña para lo que llamaban «autorregulación en los sectores». El objetivo era debilitar la aplicación de las leyes antitrust, cambiar dichas leyes, modificarlas, suspenderlas para permitir a los grupos empresariales aunarse para adoptar códigos éticos, como ellos decían, para prohibir prácticas comerciales injustas. Las prácticas comerciales injustas incluirían muchas cosas que condenaría cualquier hombre de negocios decente, como el soborno comercial y la publicidad falsa. Pero también se redactaron para incluir cosas como el derecho del empresario a producir y poner el precio de sus bienes como quisiera y a incluir, de hecho, el derecho de un hombre a expandir su negocio o iniciar un negocio nuevo. En otras palabras, bajo la disculpa de regular la equidad en la competencia, poderosos grupos empresariales querían librarse de la Ley Sherman y otras leyes antitrust con el fin de conferir a sus grupos organizados el derecho a hacer las leyes para sus sectores. Había arraigado la convicción de que el sistema económico debía ser gobernado, de que la gente que tenía que gobernarlo eran los propios productores, lo que significaba los empresarios, de que debían gobernarlo mediante asociaciones comerciales, de que las leyes de Estados Unidos debían cambiarse para permitir esto y de que el gobierno debía autorizarlo con algún tipo de supervisión general del propio gobierno.

La tesis central de estos hombres era que producíamos demasiado y que esta abundancia arruinaba los precios y su objetivo principal era mantener baja la producción.

Para una mente poco acostumbrada a pensar en estas cosas, era fácil confundir los objetivos de los planificadores con los objetivos de los grupos defensores de la autorregulación. Y uno de los espectáculos más asombrosos de nuestra historia es la manera en la que, en aquellos primeros días del New Deal, los apóstoles de la planificación para la abundancia y los protagonistas de la planificación para la escasez se unieron bajo Roosevelt para crear la NRA. A la NRA se la llamó planificación. Los planificadores de todo tipo la alabaron: la Cámara de Comercio y los izquierdistas, los defensores de la abundancia y los defensores de la escasez.

Esto solo fue posible porque el propio Franklin D. Roosevelt nunca había pensado en estas cosas. Es casi increíble creer que un hombre tan completamente ajeno a las fuerzas poderosas y hostiles en funcionamiento en su administración y tan inconsciente de lo que estaba haciendo en el campo de actividad económica, completamente nuevo para él, sea alabado por la gente como uno de los grandes líderes de nuestro tiempo.

2

La tarea real de ensamblar la NRA empezó en marzo de 1933. Al irse configurando se mostraba ante la gente como una gran revolución progresista, el amanecer de un nuevo día, bajo los auspicios de los progresistas, para el pueblo y para los trabajadores (y como parte de un gran paso adelante hacia la abundancia). Pero hay que mirar más allá de la conmoción y el ruido de esos días febriles para entender la constante sucesión de movimientos y el elenco de actores detrás de los mismos.

En 1925 se creó el Comité de Relaciones Comerciales de la Cámara de Comercio de Estados Unidos para promover conferencias de prácticas comerciales. Bajo su patrocinio, las asociaciones comerciales adoptaron códigos de prácticas (el presidente Roosevelt se inventó en 1933 que él había promovido esos códigos). En estos códigos se prohibían la fijación de precios y la limitación de la producción. Cuando el presidente Hoover fue elegido, rápidamente puso fin a estos códigos (había más de cuarenta). Hoover dijo que, aunque los códigos parecían inocentes, los gestores de los códigos, bajo la protección de estos, aprobaban acuerdos sobre precios y producción.

Entonces llegó el *crash* de 1929. En febrero de 1931 la cámara creó un Comité sobre Continuidad de los Negocios y el Empleo, con H. I. Harriman como presidente. Ese comité informó que «*Una libertad de acción que podría haber estado justificada en la vida relativamente sencilla del* último siglo no puede tolerarse hoy. (…) Hemos pasado el periodo del individualismo extremo». En otras palabras, la cámara estaba completamente a favor de introducir algo de reglamentación en nuestra dieta. Proponía: (1) Control de la producción. (2) Modificación de la Ley Sherman antitrust para permitir que las empresas nacionales llegaran a acuerdos de producción bajo control público. (3) Un Consejo Económico Nacional. (4) Seguro de desempleo, pensiones para los ancianos, intercambios de desempleo. (5) Horarios menores en la industria. Así hablaba la Cámara de Comercio.

Aproximadamente al mismo tiempo, en el Comité sobre Jornadas Laborales en la Industria, Mr. W. P. Litchfield (de la Goodyear Rubber Company), su presidente, informaba en verano de 1932 acerca de su campaña «Comparte el trabajo». Este comité decía que habría que permitir a los todos los empresarios unirse para acordar jornadas más cortas y salarios mínimos.

Así, la campaña para suspender la Ley Sherman antitrust y permitir a las empresas organizarse en unidades bajo códigos para controlar la producción, fijar precios, limitar la competencia, dirigir los salarios y estandarizar las jornadas provino de la Cámara de Comercio y de las propias empresas. La gente pensó que esto era un producto del *brain trust*. El *brain trust* se suponía que era un grupo de profesores jóvenes, dotados de cerebros desmesurados (expertos en economía, derecho y administración), que simbolizaban, sobre todo, una ruptura con el pasado de Coolidge y Hoover y sus ignorantes hombres de negocios. Pero la idea fue una idea de ciertos hombres de negocios. Y lo que querían era reducir la producción para mantener altos los precios: producir escasez para conseguir precios y beneficios más altos.

El senador Wagner presentó una propuesta para préstamos de la RFC para proyectos autoliquidables. Roosevelt sugirió hacer una reunión con personas interesadas. La reunión se realizó en el despacho de Wagner. Incluyó a una extraña mezcla: Meyer Jacobstein; Virgil Jordan, entonces en la rama editorial de libros empresariales de McGraw-Hill; el congresista Clyde Kelly; Harold Moulton (del Instituto Brookings); Fred I.

Kent, vicepresidente de la Guaranty Trust Company; David Podell, abogado de la asociación comercial de Nueva York; Simon Rifkind, secretario de Wagner; el coronel Rorty; Jett Lauck, de la hermandad de ferroviarios y James Rand (de la Remington-Rand Company); un grupo diverso, pero no socialista. Este grupo estaba lleno de planes. Kent quería una garantía de beneficios; Moulton y Jacobstein querían créditos a las empresas; Wagner quería obras públicas; Podell estaba a favor de la modificación de las leyes antitrust. Sin embargo, se nombró un comité para redactar una propuesta de ley. La hizo. He visto esa propuesta y contiene el germen de todo lo que apareció en la ley final de la NRA, salvo la cláusula de licenciamiento.

En ese momento estaba funcionando otro grupo. A Jerome Frank y otros les interesaba la planificación nacional siguiendo la idea de George Soule: planificar para la abundancia. John Dickinson, abogado de Wall Street, entonces subsecretario de comercio y abogado del trust del azúcar, hizo una serie de propuestas que se aproximaban mucho a los planes de la Cámara de Comercio. Dickinson y Frank de alguna forma aunaron fuerzas y posteriormente se llevó a cabo la preparación de una propuesta aceptable por su parte, con Podell y Rifkind.

Al mismo tiempo, el general Hugh Johnson trabajaba en la oficina de Moley en un plan para organizar las empresas. Escribió una breve propuesta que contenía una abierta concesión de poder para al presidente para organizar la industria para dar a las asociaciones comerciales autoridad para regular competencia, precios, producción, salarios y horarios. Un día o dos después, se unió al grupo de Wagner. Donald Richberg llegó poco después. Después de esto, poco a poco, Johnson y Richberg, apoyados por el presidente, asumieron la redacción del borrador final de la propuesta.

Lo que crearon fue un plan de autorregulación empresarial mediante asociaciones comerciales bajo la supervisión de una institución pública llamada la National Recovery Administration (NRA). Este suspendía específicamente las leyes antitrust, acabando así con una guerra que las empresas habían librado durante cincuenta años. Era lo que más fuertemente había atraído la imaginación de Roosevelt. Imaginaba que había sido el instrumento para crear una revolución en la economía americana. Esta era su idea de una economía planificada. Era un plan para organizar cada sector bajo un código. El código lo redactaría cada sector y los remitiría a la NRA, que estaba encabezada por el general Johnson. Trabajadores y consumidores no tenían nada que ver con la redacción de los códigos. Podían presentarse ante el administrador y objetar a cualquier parte del código, pero los códigos los escribían las asociaciones de empresarios. Donald Richberg dijo posteriormente que las asociaciones comerciales las reclamaba Washington y les pedían que escribieran sus propias propuestas. La mayoría lo hizo.

Por ejemplo, el Código del Acero lo redactaron representantes del American Iron and Steel Institute y este atribuía a dicho instituto la autoridad codificadora. Lo mismo pasó en toda la economía: unos setecientos códigos redactados por los empresarios con una autoridad codificadora que los representaba, normalmente su asociación comercial, creando miles de normas y regulaciones con fuerza de ley, obligándoles a ellos y al pueblo de Estados Unidos.

Este ha sido uno de los espectáculos más asombrosos de nuestro tiempo y probablemente ha representado el ataque más grave contra el principio de la sociedad democrática de toda nuestra historia política. La teoría de nuestro gobierno es que las leyes solo pueden aprobarse por los representantes del pueblo elegidos por este. Cuando un grupo de hombres, aunque sean elegidos, se reúnen para crear normas que fijan precios, controlan la producción, establecen las condiciones de competencia, definen las condiciones por las que un hombre puede entrar en un negocio, fijan la cantidad de espacio o maquinaria que debe tener, están aprobando leyes, se llamen como se llamen, especialmente cuando son aplicables por las autoridades públicas y en muchos casos con penas de prisión. Estas leyes no las estarían aprobando el Congreso, ni un parlamento, ni un grupo de concejales, ni un cargo público de ningún tipo, sino un grupo de hombres calificados como autoridad codificadora, elegidos en la mayoría de los casos por los empresarios de sus respectivos sectores. Bajo este plan, un grupo de empresarios, elegidos por otros empresarios, podían sentarse alrededor de una mesa (como un poder legislativo) y aprobar leyes que obligarían a la comunidad. Quienquiera que las violara podría acabar en la cárcel. No solo aprobarían leyes, sino que reunirían además el poder ejecutivo para obligar a su cumplimiento, dotados de poder policial.

Tal vez sea un buen plan. Tal vez sea así como tenga que gestionarse la sociedad. Pero no es la forma democrática. El país se dividió en áreas (áreas económicas, no áreas geográficas). En las áreas geográficas (estados y condados) continuaba rigiendo el plan democrático mediante legisladores y ejecutivos elegidos popularmente. Las áreas económicas (el área del acero, de los textiles, de la sombrerería, etc.) estaban dirigidas por legisladores y policía (oficiales de cumplimiento) elegidos, no por el pueblo en los sectores bajo el principio democrático, sino por un puñado de empresarios. Y si este sistema hubiera continuado en vigor y nuestra evolución hubiera seguido esta línea, no habríamos alejado cada vez más del plan democrático y acercado en dirección al estado corporativo de Mussolini. Pues este fue el inicio del estado corporativo, solo que nosotros usamos los códigos corporativos.

Todo el plan fue declarado inconstitucional por el Tribunal Supremo de Estados Unidos, no con una decisión de cinco a cuatro, sino unánimemente. Hombres como los jueces Cardozo, Brandeis y Stone apoyaron firmemente la sentencia. La razón que se daba era que la NRA era *una abdicación por el Congreso de sus poderes constitucionales de dictar leyes* que gobiernen nuestra sociedad económica.

Lo más extraño de este episodio fue que este grave ataque contra nuestra democracia se llevó a cabo con las alabanzas de muchos de los llamados progresistas que acudían en masa a Washington para apoyar el New Deal. En el país, en general, muchos progresistas sinceros estaban completamente confundidos por todo el espectáculo. Todo lo que se hizo, se hizo en un ambiente de frenético entusiasmo y con discursos y declaraciones y proclamaciones formulados en el lenguaje del progresismo. La planificación para la escasez se llevó a cabo con el lenguaje de la planificación para la abundancia.

Al mismo tiempo, a todo el proyecto se le dio la apariencia de ser una gran concesión a la libertad laboral. El trabajo no tuvo nada que ver con la confección de los códigos: solo incluía el derecho de protesta que tenía cualquier ciudadano. Pero la ley reconocía el derecho a la negociación colectiva. En realidad, esto resultaba ser un engaño, porque se limitaba a dar a los trabajadores algo que ya tenían, que era el derecho a la negociación colectiva siempre que pudieran obligar a los empresarios a aceptarla. Y lo que pasó en realidad fue que unos pocos sindicatos poderosos bajo un liderazgo fuerte, como el carbón, los Ladies' Garment Workers y los Amalgamated Clothing Workers bajo Lewis, Hillman y Dubinsky, obtuvieron bastante debido a su fuerza numérica y financiera y su vigoroso liderazgo y sus tácticas militantes. Las grandes victorias de la CIO en el acero, la automoción y otros sectores se produjeron después de que desapareciera la NRA.

Pero, aunque a la NRA la mató formalmente el Tribunal Supremo, ya se estaba condenando por la completa confusión y absurdo de su organización. El general Johnson, su primer administrador, había dimitido y, después de un breve intervalo en el que la encabezó Donald Richberg, la NRA fue liderada por Mr. S. Clay Williams. Mr Williams era y es el jefe de la empresa tabacalera Reynolds. Acudió a Washington cuando se creó la NRA para proteger a las grandes tabaqueras, luchó por los trabajadores en la NRA, declaró con vehemencia que se enfrentaría a la NRA en el Tribunal Supremo si era necesario tratando de dar a los sindicatos algún poder y acabó siendo *nombrado por el presidente Roosevelt como administrador de la NRA.*

Con respecto a Mr. Richberg, que se convirtió entonces en una especie de asesor presidencial, abandonó la administración para convertirse en uno de los abogados más excesivamente requeridos de Washington, representando a petroleras, empresas automovilísticas, dictadores latinoamericanos o la Transamerica Corporation, manteniendo al mismo tiempo una relación muy cercana con la Casa Blanca.

Por cierto, muchos de los administradores de la NRA, la AAA, la SEC y otras instituciones públicas son ahora abogados muy ocupados en defender los intereses de las grandes empresas con las que estuvieron en contacto cuando estaban en el gobierno.

La NRA como división del gobierno político solo se explica cuando se entiende al hombre que la hizo posible: el presidente Roosevelt. El hombre que había denunciado a Hoover por sus reglamentaciones, que había atacado a los republicanos por no aplicar las leyes antitrust, que había proclamado su devoción por la libertad de empresa y las tradiciones de la democracia, sin retractarse de ninguna es estas atrevidas declaraciones ni dar ninguna explicación, procedió a poner en práctica una política negativa para todas estas cosas. Al mismo tiempo que declaraba su devoción por la democracia, adoptaba un plan tomado del estado corporativo de Italia y se lo vendía a los progresistas como un gran triunfo revolucionario progresista. Y, curiosamente, todo progresista americano que hubiera luchado contra el monopolio, que hubiera reclamado la aplicación de las leyes antitrust, que hubiera negado el derecho a formar grupos empresariales, combinaciones y asociaciones comerciales para regular nuestra vida económica, fue calificado como un *tory* y un reaccionario por continuar creyendo en estas cosas.

De hecho, es muy difícil explicar la extraña complacencia de los diversos grupos progresistas ante la rendición del presidente a algunos de los peores elementos de las llamadas Grandes Empresas a las que habían atacado tan despiadadamente. El Departamento del Tesoro estaba encabezado por un industrial de Wall Street, mientras que su subsecretario era un miembro del bufete cabildero más activo de Washington y su asesor de secretaría un vicepresidente de la American

Bankers Association. El secretario de comercio era un político reaccionario que había ejercido la abogacía en Washington como asesor fiscal desde que abandonó Hacienda en tiempos de Woodrow Wilson, mientras que su asesor de secretaría era un aliado de uno de los bufetes más poderosos de Wall Street y en ese momento representaba al trust del azúcar en un ataque contra la Ley Sherman antitrust. Una de las primeras acciones de la administración fue organizar en el Departamento de Comercio lo que se llamó el Consejo Asesor Empresarial. Incluía los nombres de algunos de los mayores empresarios de Estados Unidos. Su objetivo, según declaró públicamente el secretario de comercio, era «tejer el patrón para la vida económica futura de la nación». En una fecha posterior, cuando Mr. Roosevelt colocó a su amigo, Mr. Henry Morgenthau, Jr., una persona sorprendentemente inexperta, como secretario del Tesoro, nombró asesor fiscal del Tesoro a Earle Bailie, socio principal de la empresa J. & W. Seligman & Company, a quien el senador Hiram Johnson acababa de denunciar despiadadamente ante el público por sus métodos de financiación en Sudamérica.

El presidente estaba incesantemente ocupado confiriendo puestos, autoridades y honores a importantes personajes reaccionarios y conservadores una semana y luego aprobando nombramientos, ordenando y apoyando medidas para los izquierdistas la siguiente. Si aprobaba una ley para regular las bolsas (la SEC) para agradar a los grupos progresistas, nombraba a un especulador de Wall Street, Mr. Joseph Kennedy, como jefe de la comisión y paralizaba literalmente sus funciones para agradar a los grupos conservadores. Como los grupos conservadores resultaban ser más sabios, aparentemente más experimentados y más realistas que los grupos progresistas, aquellos se dieron cuenta rápidamente de que el presidente les estaba tomando un poco el pelo. Pero, pensaran lo que pensaran de él los progresistas y conservadores, el resultado final fue que el presidente literalmente no hizo nada importante.

3

No tenemos que olvidarnos de las políticas agrarias del presidente. En general, se basaban en el mismo principio de escasez que las de la NRA. Había prometido a los votantes una política agrícola libre de «bromas crueles» como desarraigar el algodón, no plantar trigo o comprar cosechas para aumentar los precios. Su plan no costaría ni un dólar al gobierno. Pero puso en práctica exactamente las políticas contrarias, lo opuesto a lo prometido. En lugar de pedir a los granjeros desarraigar o no plantar, les pagó sumas enormes para que lo hicieran. Algunos cheques para algunos grandes cultivadores de azúcar para que no plantaran fueron de millones de dólares. Los cheques del gobierno llovieron sobre las granjas como las hojas en otoño. Envió agentes por todo el país (y sigue haciéndolo) comprando no solo maíz y trigo y tabaco y algodón, sino prácticamente cualquier cosa: boniatos en Virginia, naranjas en Florida, uvas en Nueva York, manzanas en el Noroeste, huevos por todas partes, compota de manzana en Montana, montones de cosechas. De marzo de 1933 al 31 de diciembre de 1935, el gobierno pagó solo en rentas y prestaciones 1.108.000.000 dólares.

Este plan agrícola original estuvo más cerca de sacudir las conciencias de la gente que ninguna otra aventura del New Deal. Incluso el secretario Wallace esteba un poco atemorizado. «Confieso», dijo, «que siempre he tenido sentimientos encontrados acerca de este plan de desarraigar. (…) *Tener que destruir una cosecha en crecimiento es un comentario sorprendente sobre nuestra civilización*». No era un comentario sorprendente sobre nuestra civilización. Era un comentario sorprendente sobre el hombre que lo hizo.

El gran problema no era producir abundancia. Sabemos cómo hacerlo y tenemos la maquinaria apropiada. El gran problema era cómo llevar esta abundancia al pueblo. Es un problema difícil y cualquier hombre sensato debe admitirlo. Pero indudablemente la manera de hacerlo no es destruyendo la abundancia que tenemos. Matar lechones, desarraigar el algodón, hacer desaparecer los campos de trigo en una nación en la que quince millones de personas no tienen comida ni ropa ha sido un espectáculo que permanecerá por mucho tiempo como el más abyecto de la locura humana.

El presidente suscribió completamente la teoría reaccionaria de que la manera de producir prosperidad es aumentar los precios. Esta idea, por muy poco que supiera de economía el presidente, era una resaca de una experiencia que había tenido como presidente del American Construction Council, una organización del sector de la construcción, que, como sector, había agotado durante años todas las posibilidades para eludir las normas antitrust de la Ley Sherman y mantener los precios altos y la competencia estrangulada por los acuerdos comerciales para limitar la producción y aumentar los precios. El sector de la construcción lo hizo con tanto éxito que prácticamente acabó con su sector. Roosevelt había sido el jefe de una de esas combinaciones empresariales y esa vaga idea había arraigado con fuerza en su pensamiento.

Siguió clamando por precios más altos. Fijó el nivel de precios de 1926 como precios normativos y declaró que quería que los precios subieran hasta ese punto. Procedió a hacer exactamente lo que había hecho Hoover y él había criticado. A pesar de la triste lección del Consejo Agrícola de Hoover, el control del caucho británico, el plan de valorización del café brasileño, el acuerdo internacional sobre el azúcar e innumerables dispositivos nacionales e internacionales de control de la producción, el gobierno empezó mediante diversos dispositivos a quedarse con los excedentes invendibles de los granjeros. Hoy los excedentes son 13.000.000 de fardos de algodón y 450.000.000 fanegas de trigo.

Explicando su plan agrícola en ese triunfante discurso de aceptación en Chicago, concluía, con ese énfasis en *staccato* ahora tan conocido: «Un plan como este, amigos míos, no cuesta al gobierno ningún dinero».

El presidente ha gastado hasta ahora en sus planes agrícolas 5.828.000.000 dólares.

Este año (siete años después de empezar) ha gastado, por encima de los costes ordinarios del departamento, 1.328.000.000 dólares.

4

Es un hecho triste, que se encuentra entre las curiosidades de la historia económica, que, en junio de 1933, los patrocinadores de este *nuevo* New Deal supusieran que se hubiera obrado un milagro. Los hombres habían vuelto a trabajar mediante los buenos oficios de la NRA. Capital y trabajo estaban alabando al hombre asombroso que estaba liderando a la nación para salir del caos y volver a la recuperación tan rápidamente. La bolsa volvía a subir. El presidente había conseguido la aprobación de 3.300.000.000 dólares para obras públicas. No estaba usando ese dinero. En Washington me dijeron que no iba a ser necesario. Entonces, de repente, la bolsa, después de tres meses de un fuerte repunte, se vino abajo. Se produjeron despidos, los precios dejaron de aumentar, el edificio se tambaleaba de nuevo. En este momento, pasaron dos cosas. El presidente decidió gastar y lanzó su plan monetario.

El plan monetario es tal vez un ejemplo perfecto de cómo la mente del presidente funciona como la de cualquiera con su historial. El tema del dinero era uno que entendía todavía menos que el de los impuestos, del que confesaba no entender nada. Es una materia compleja que requiere años de estudio e investigación. Solo unos pocos meses antes ofreció la cartera del Tesoro a Carter Glass, enemigo declarado de los planes monetarios heterodoxos. Fue su gesto para tranquilizar a los partidarios de una moneda fuerte que temían la inflación. Posteriormente, forzó la enmienda de la enmienda inflacionista de Thomas, cambiándola hacia una orientación directa hacia inflar mediante una concesión de poderes al presidente, unos poderes que nunca usaría. Esta era su manera de descabezar a los inflacionistas. Los partidarios de la moneda fuerte le aplaudieron.

Luego llegó a su estudio el profesor Charles Warren, de Cornell. Era un economista agrícola. Pero, como todos los expertos agrícolas desde los tiempos de Solón, trataba el tema del dinero. Había concebido una teoría de que los precios de las materias primas suben y bajan con el precio del oro. Había escrito un libro para demostrar su teoría. He leído cuidadosamente ese libro y si demuestra algo es que el profesor Warren se equivoca. La teoría de Warren es que aumentando el pecio del oro podemos aumentar el nivel de los precios. Presentado a Roosevelt por Morgenthau, cuyo conocimiento de la economía monetaria era aproximadamente el mismo que el de Roosevelt, Warren explicó su teoría. Junto con su teoría acerca del control áureo de los precios iba la teoría de Fisher de la variabilidad de los precios del oro y la inestabilidad del dólar basado en oro. Fisher tenía una teoría del dólar compensado, basado en una base de materias primas en lugar de en oro. Estas teorías pueden fusionarse, pero también tienen muchas contradicciones entre ellas.

En todo caso, significaban una completa revolución de nuestro sistema monetario, completamente de acuerdo con todas las impresiones que tenía Roosevelt, pues este solo tenía impresiones. Su falta de conocimiento no le asustaba. Solo hicieron falta unas pocas conversaciones para convencerlo. En realidad, no solo para convencerlo, sino para venderle todo el paquete.

Sin duda, lo que le convenció de la teoría fue la tesis de que los precios agrícolas se fijan en el mercado internacional; de que los compradores extranjeros, para comprar nuestro trigo, deben comprar antes nuestros dólares; de que cuantos más dólares puedan comprar con su oro, más trigo pueden comprar con su oro; de que, aumentando el precio del oro, el oro comprará más dólares y todo el proceso acabará con el aumento de poder adquisitivo de los compradores extranjeros en nuestro mercado. Se hizo público en una de sus típicas alocuciones delante de una chimenea encendida. Hizo una de sus declaraciones en tono suave. Dictó una serie muy genérica de ideas sobre el tema. Las entregó a Raymond Mosley y algunos otros para que les dieran forma. Y ahí estuvo el espectáculo de ver a toda la nación admirada, sentada delante de sus radios y escuchando a un hombre leyendo un discurso que contenía cambios revolucionarios en política monetaria (ideas que le había vendido apresuradamente un grupo de personas) expresados en frases cuidadosamente moldeadas para él por otro hombre que ni siquiera creía en las ideas que reducía a frases, mientras las masas humildes, pensando que habían encontrado a un nuevo salvador, escuchaban maravilladas «y la maravilla aumentaba al considerar que una pequeña cabeza pudiera contener todo lo que este sabía».

Era octubre de 1933. El precio del oro se cambió de 21 dólares a 35 dólares la onza. El presidente levantó su voz ante el micrófono mientras los granjeros que le oían irradiaban alegría: «Si no podemos aumentar los precios de una manera, *lo haremos de otra*». Este, dijo, es un paso en dirección a una moneda gestionada. En tres meses, todo el plan se reveló como un terrible fiasco. Pero desde este día hasta hoy nuestro Tesoro se ha mantenido en los mercados monetarios del mundo ofreciéndose a comprar oro a 35 dólares la onza. Así hemos conseguido tanto oro. Teníamos 8.234.000.000 dólares cuando se empezó. Ahora tenemos 19.000.000.000 dólares, más de las tres cuartas partes del oro en el mundo. Hemos dejado sin oro a otras naciones. Hemos debilitado las monedas de todas las naciones del mundo: nuestros clientes. Y si no se encuentra algún medio para detenerlo, nos encontraremos con una crisis monetaria mundial que será el resultado directo de esta asombrosa iniciativa.

Como ejemplo de la soltura de pensamiento del presidente acerca de asuntos tan serios (su frivolidad), en un momento posterior el senador Borah y otros senadores partidarios de la plata le reclamaron que hiciera algo con la plata. Tenían dificultades para que este fuera al grano: les entretenía con cuentos. Finalmente empezaron a hablarle en lenguaje llano. El presidente echó la cabeza atrás y empezó a reírse: «Bueno, ¿por qué no», exclamó. «Ya probé con el oro y fue un fracaso. ¿Por qué no debería experimentar un poco con la plata?».[3]

---

[3] Relatado al autor por el difunto senador William E. Borah.

Capítulo VI

LA GRAN ARMA DE ROOSEVELT

A la vista de estos increíbles fracasos, ¿cuál es el secreto de la inmensa popularidad del presidente y de la aplastante derrota de los republicanos en 1936?

La respuesta, por supuesto, es extremadamente sencilla. Desde el 4 de marzo de 1933, Mr. Roosevelt ha tenido en sus manos, para gastar a voluntad, *veintidós mil millones de dólares* para recuperación y ayuda social. Esto no incluye el dinero gastado para gestionar el gobierno (todos los muchos departamentos, más el ejército y la marina). Este es un dinero que queda más allá de todos los gastos del gobierno que el Congreso puso en sus manos para gastar donde y como quisiera, para producir recuperación y ayuda social.

Esta suma de dinero es casi inconcebible para una mente humana. Lo que es igualmente importante es que estos veintidós mil millones de dólares se consiguieron sin un centavo de impuestos a nadie. Se tomó prestado de bancos. Todavía se debe a los bancos o a aquellos a quienes los bancos vendieron los contratos. Es la factura que el pueblo de Estados Unidos debe por los siete años de Mr. Roosevelt y algún día tendrá que encontrar la manera de pagar.

El gasto empezó con Hoover. Cuando abandonó el cargo había generado u déficit de unos cuatro mil millones de dólares. Garner, el líder demócrata, lo criticó. «Cuando lleguemos al poder», gritaba en la Cámara de Representantes, «daremos al país una lección de economía real». Los ataques más prolijos al despilfarro de Hoover provinieron del gobernador Roosevelt en Albany. Grandes carteles demócratas con grandes letras negras en todas las vallas publicitarias del país decían: «Expulsemos a los derrochadores».

Después de que Roosevelt fuera elegido, dijo al Congreso:

Durante tres años, el gobierno federal ha ido camino de la quiebra. En el año fiscal de 1931, el déficit era de 462.000.000 dólares; en 1932, de 2.472.000.000 dólares. Para el año fiscal de 1933, excederá los 1.200.000.000 dólares. Para el año fiscal de 1934 [primer año de Roosevelt], basándonos en las propuestas presupuestarias aprobadas por el anterior Congreso y los ingresos estimados, el déficit probablemente exceda de mil millones de dólares si no se toman medidas.

Culpaba a este déficit del colapso de los bancos, el desempleo y todos nuestros males. Luego procedió a recortar salarios en un 25% y el 13 de abril de 1933, tres semanas después de su toma de posesión, los líderes demócratas alardeaban de que, con todos los recortes planeados por el presidente, el gasto público mostraría una reducción de mil millones de dólares.

¿Qué pasó en realidad? Al final de este año fiscal de 1934, el gasto, en lugar de reducirse en mil millones de dólares, aumentó en dos mil millones de dólares. En lugar del déficit de mil millones de dólares que el presidente exponía en esos términos tan aterradores, produjo un déficit de 3.600.000.000 dólares. Se pueden dar buenos argumentos para este déficit, pero ¿qué argumentos pueden exponerse para los violentos ataques de Roosevelt a Hoover por hacer lo mismo a escala menor?

Por supuesto, el presidente, hasta hace dos años, nunca trató de disculparse por esto. Su disculpa fue que la crisis había cambiado las cosas. Por supuesto, la crisis no había cambiado las cosas. Era una situación de quince millones de desempleados en marzo en lugar de once en noviembre. La crisis llegó y pasó a mediados de abril cuando alardeaba de que había recortado el gasto público. Por supuesto, la realidad es que, enfrentado a la responsabilidad del desempleo y sin saber qué otra cosa hacer, hizo lo que había hecho Hoover, lo que había criticado que Hoover hiciera y sin pedir ningún perdón por su error.

¿Cuál fue el efecto de este pacto? Ante todo, por supuesto, ayudó a los desempleados. Daba dinero a la gente para comprar comida. De una forma u otra era inevitable. Lo extraño es que Roosevelt no viera eso cuando estaba en campaña por la presidencia.

Segundo, también ayudaba a las empresas. Da 15 dólares un sábado a un hombre sin trabajo y el dinero se gastará inmediatamente en necesidades vitales. Para el lunes o el martes todo estará en las cajas registradoras de las tiendas. Paga 300.000.000 dólares al mes a trabajadores y granjeros con problemas y todos esos 300.000.000 dólares acabarán en las cajas registradoras de las tiendas. Estas a su vez contratarán ayuda que gastará su salario en otras tiendas. Estas comprarán bienes a fabricantes que contratarán ayuda y gastarán más dinero en materias primas. En otras palabras, el dinero, tan pronto como el gobierno se lo entrega a los pobres, iba a las manos de los negocios y luego empezaba a fluir por los canales normales de los negocios.

Esto explicaba el auge de los negocios al que se llamó recuperación. Cualquier gobierno puede producir un auge en los negocios y mantenerlo indefinidamente inyectando miles de millones continuamente, dándoselos primero a los pobres, que lo gastarán en los hombres de negocios. No hay ningún truco. No es nada novedoso. Es uno de los dispositivos más antiguos en la historia de los gobernantes con problemas. Lo hizo Pericles en Atenas antes de Cristo, lo hicieron César y Augusto. Lo hicieron reyes a lo largo de la era moderna, a gran escala por parte de Luis XIV y Luis XV. Es lo que han hecho Mussolini, Hitler, dictadores, reyes y premieres demócratas en todas partes.

¿Pero de dónde vino el dinero? A menudo se oye a la gente desafortunada decir que primero les quitó el dinero a los ricos y luego se lo dio a los pobres. Es un extraño engaño que es casi imposible de echar abajo. El presidente no consiguió nada de este dinero por medio de impuestos. Todo se obtuvo pidiendo prestado a los bancos.

Así que el dinero ayudaba a los pobres. Estos los gastaban en los negocios, lo que ayudaba a los negocios, y el presidente lo tomaba prestado, evitando así pelearse con los contribuyentes.

Puede seguir haciendo esto mientras pueda tomar prestado el dinero, pero, por supuesto, eso se acabará. Y, cuando lo haga, la nación se encontrará abrumada por una deuda que producirá una crisis tras otra. Estados Unidos y los niños de Estados Unidos pagarán y pagarán y pagarán, como dijo una vez el presidente, «con el sudor de la frente de todos los hombres» la generosidad de Roosevelt con el dinero de otros.

No importa cuáles fueron las demás políticas de Roosevelt. Gastar el dinero que se tomó prestado es lo que hizo el trabajo. El gasto de los impuestos no habría funcionado, porque los contribuyentes se habrían rebelado. Si hubiera adoptados las medidas opuestas a la NRA, la AAA, la política monetaria y todas las demás, pero mantenido el gasto, el resultado habría sido el mismo. Si Hoover, con sus políticas, hubiera gastado como gastó Roosevelt, habría encontrado su escasa prosperidad a la vuelta de la esquina. Pero Hoover no podía haberlo hecho. El propio Roosevelt le atacó criticándole cuando lo hizo a pequeña escala. Hizo falta la crisis para producir la mentalidad que permitiría el gasto, de forma que la crisis, en lugar de hacer las cosas más difíciles para Roosevelt, hizo posible todo el programa de gasto de Roosevelt.

¿Qué efecto produjo esto sobre la mentalidad de la gente? Evidentemente, los desempleados que encontraron trabajo primero en la CWA y luego en la WPA estaban agradecidos y naturalmente se convirtieron en un inmenso ejército para luchar por su continuidad y por el hombre que quería continuarlo. Los pequeños barrios de tiendas en los que estos trabajadores gastaban su dinero estaban igualmente entusiasmados con el programa de gasto. Se pagaron miles de millones de dólares a los granjeros. Recuerdo que en 1934 pregunté a un funcionario del Departamento de Agricultura qué iba a pasar en las elecciones al Congreso. Me llevó a un enorme espacio lleno de lo que parecían cientos de máquinas escupiendo y escribiendo cheques para los granjeros por valores de cientos de miles. Enormes sacos de estos se enviaban a granjeros de todas partes. Este caballero me dijo: «Mira esto y dime qué posibilidades piensas que tienen los republicanos».

Muchos granjeros están en mora en sus hipotecas. Los intermediarios hipotecarios, prestamistas de hipotecas, empresas de valores y bancos tienen millones en esas cédulas hipotecarias. La mayoría de esas cédulas no valen nada. Los comerciantes de hipotecas idearon un gran movimiento para hacer que el gobierno se quedara con dichas cédulas, pero de una forma invisible. Para el mundo exterior, era un gran movimiento para salvar a los granjeros de la deuda. El gobierno compró todas estas malas cédulas. Eso hizo felices a todos los dueños de cédulas hipotecarias. Hizo felices a los granjeros y luego, para hacerlos aún más felices, el gobierno les prestó más dinero para reparar sus casas y construir nuevos graneros. Cuando terminó todo, los prestamistas de hipotecas habían sido rescatados y los granjeros, que habían sido aplastados por la deuda, seguían endeudados con las sumas adicionales que les había prestado el gobierno *y el gobierno tuvo toda la culpa.*

Lo mismo pasó con los propietarios de viviendas. Cientos de miles de personas habían comprado casas a los constructores especuladores. Muchos de ellos llevaban poseyendo las casas solo dos o tres años. Habían comprado las casas a precios especulativos y excesivos. Estaban abrumados por las hipotecas. No podían pagar. Lo sensato por parte de estos propietarios de viviendas habría sido renunciar a esas casas, pero aquí de nuevo los tenedores de cédulas e intermediarios hipotecarios, las empresas de valores y los prestamistas que tenían las cédulas crearon un gran movimiento. No era un movimiento para salvar a los tenedores de cédulas hipotecarias y prestamistas, era un movimiento «para salvar a nuestros propietarios de viviendas pequeñas». Como consecuencia, tres mil millones de dólares de estas hipotecas morosas acabaron en manos del gobierno.

La administración de todo esto se puso en las manos de políticos del aparato en todo el país. Por supuesto, esto creó un ejército de empleos: solo la oficina de la ciudad de Nueva York ocupaba un edificio de dieciséis pisos. Hizo felices a los prestamistas; agradó al enorme ejército de dueños de viviendas que pensaban que estaban salvados. Creó innumerables puestos de trabajo. Rescató a los prestamistas, *pero los propietarios de viviendas seguían endeudados,* en la mayoría de los casos, sospecho, con hipotecas que son mayores que el valor real de sus casas y *el gobierno tiene la culpa.* El gobierno tiene cinco mil millones de dólares de estas hipotecas. En la ciudad de Nueva York, ochenta mil de esas hipotecas se entregaron al gobierno de Estados Unidos. *Hasta la fecha, veinticinco mil de estas viviendas han tenido que embargarse por el gobierno con una pérdida media de 2.500 dólares cada una.* Eso significa que estos veinticinco mil dueños de viviendas las han perdido, pero quienes tenían las cédulas hipotecarias ahora tienen en su lugar bonos garantizados por el gobierno con una rentabilidad de 3%.

Así eran las cosas. No es necesario detallar o examinar todas las corrientes innumerables a través de las cuales estos fondos fluyeron a millones de personas. Los gobernadores de los estados acudían a Washington y tomaban prestados muchos millones para sus proyectos favoritos de todo tipo. Los alcaldes de las ciudades acudían allí y conseguían millones, en muchos casos para poder pagar nóminas y construir escuelas, carreteras y parques. Por ejemplo, solo el estado de Illinois ha obtenido más de quinientos mil millones de dólares del gobierno federal.

Y lo importante de todo esto es que todo este dinero fue distribuido por un hombre: el presidente. El Congreso ha abdicado de su antiguo derecho a hacer asignaciones concretas. Se limita a aprobar miles de millones para el presidente que los gaste a su discreción. En otros tiempos, el Congreso solía tener estas propuestas de prebendas: unos pocos millones de dólares cada legislatura. El congresista que quería 20.000 dólares para una oficina de correos o 10.000 dólares para una piscifactoría en su distrito los pedía al Congreso. Si el presidente quería dinero, tenía que ir al Congreso. Pero bajo el New Deal todo el dinero para recuperación y ayuda social se entregaba al presidente. Lugo los congresistas y senadores y gobernadores y alcaldes y políticos de todas partes que querían dinero tenían que acudir a Roosevelt. Y a él acudían, no por 20.000 dólares o 50.000 dólares o un millón, sino por millones y en muchos casos cientos de millones.

No importaba que el presidente hubiera creado la NRA y la viera terminar en un crepitar cómico, que hubiera lanzado la AAA y la viera extinguirse, que hubiera proclamado su gran plan monetario al mundo y no lo volviera a mencionar nunca más, que fracasaran las medidas del New Deal una tras otra y que la recuperación de la normalidad en las empresas rechazara reaparecer. Para millones de americanos eso no importaba. Había un flujo constante de miles de millones, todos provenientes de la mano áurea de un hombre que se había convertido en el símbolo de un gobernante generoso, entregando miles de millones que había tomado prestados y que algún día nuestros hijos se verán obligados a pagar.

Cuando llegó la depresión, el gobierno debía dieciséis mil millones de dólares, el balance de la Gran Guerra. Hoover, en tres años, añadió un déficit adicional de cuatro mil millones a estos y Roosevelt en siete años ha añadido veintidós mil millones de dólares y propone otros tres mil millones este año y en este momento está hablando de más miles de millones para la guerra. Si tuviera que abandonar el cargo el próximo enero, será con una deuda de cuarenta y cinco mil millones de dólares y una cantidad mucho mayor si se le permite llevar a cabo sus actuales planes para la guerra.

Y a esto hay que añadir otros cinco mil millones de dólares en bonos hipotecarios de granjas y viviendas garantizados por el estado.

El presidente en aquel primer New Deal (antes de su elección) empezaba con la premisa de que no debía haber gasto, ni tomarse prestado. Economizar era la consigna. Mientras improvisaba a toda prisa la edición revisada del New Deal, el gasto se toleraba como una estratagema de crisis para alimentar a los hambrientos. En su siguiente fase se convirtió en un dispositivo para inyectar dinero en los negocios, un medio que, durante un breve interludio para colocar fondos en la corriente sanguínea de la industria para ponerla en marcha. Pero la industria no se puso en marcha y en ese momento el gasto fluía sin vergüenza, a falta de cualquier otra cosa. Y también revelaba su increíble valor político: llevando a congresistas, políticos del aparato, alcaldes, gobernadores, instituciones locales, tribunales de condado, sindicatos, autoridades educativas en busca de dinero, todos a los pies del Jefe pidiendo dinero. Después de seis años de gastar y sin visos de que esto se acabe, los pensadores de la plantilla del New Deal han empezado a improvisar nuevas explicaciones y razones para ello.

Primero, no era gasto: era inversión. No habíamos gastado demasiado: no habíamos gastado lo suficiente. No debíamos dejarlo: debíamos prepararnos para extenderlo y perpetuarlo. La época de las inversiones privadas a largo plazo se había acabado. Pero la inversión es esencial para el sistema capitalista en una democracia. Por tanto, el gobierno debía asumir la función del inversor. Una variación de esto era que, como los prestamistas privados no proporcionarían ya dinero a la industria, el gobierno debía hacerlo, es decir, el gobierno debía emitir sus bonos y con los fondos adquirir los bonos y acciones de las corporaciones privadas. El insignificante problema de que bajo este esquema los inversores privados pondrían su dinero en todas las buenas inversiones y el gobierno pondría su dinero en todas las dudosas que los inversores privados no querrían parecía escapárseles a estos nuevos apologistas. Pero en este momento el programa parece encallado. No parece haber nada más a la vista que más gasto.

Capítulo VII

EL PRESIDENTE VA A LA GUERRA

Mientras escribo esto, la guerra en Europa ha llegado a una etapa crítica para los dos grandes imperios, Inglaterra y Francia. Conocemos la abrumadora convicción del pueblo americano es que deberíamos mantenernos fuera de la guerra. Hay a quien le gustaría ayudar a los imperios lo más posible sin ir a la guerra. Pero son firmes en no verse implicados en ella.

Sin embargo, es muy importante darse cuenta de la existencia de diversos grupos dispuestos a que Estados Unidos participe en la guerra, si resulta evidente que nuestra participación es esencial para derrotar a Alemania. Esta gente constituye una pequeña minoría. Se encuentran en ciertos grupos y todo el mundo sabe quiénes son. Algunos están intrigando activamente para que entremos en guerra.

En esta situación, ¿qué debemos esperar cuando se produzcan una serie de hechos y acontecimientos como este en la mente del presidente? ¿Qué tipo de resultado podemos esperar que salga de su cabeza?

Solo tenemos que recordar la actitud mental general del presidente sobre armamento. Por supuesto, el presidente, como cualquier otro, proclama frecuentemente sus deseos de paz. Todos hacen esto. Y creo que podemos suponer que es sincero acerca de ello.

Debemos tener en cuenta la larga y constante actitud del presidente hacia el armamento y la formación militar. Le encantan las armas. Sobre todo, le encantan las armas navales. Es uno de esos hombres fascinados por los barcos de guerra y las armas de fuego. También es alguien (como pasa frecuentemente con los amantes de las armas) que está dispuesto a ser algo truculento en su idea de los usos de estas armas. La mayoría de los americanos creen que deberíamos tener armas para defendernos y defendernos significa defender a nuestro país de una invasión. No creen que debamos tener intereses en todo el mundo, seguir a nuestros comerciantes con barcos y patrullar los mares del mundo para defender esos intereses. Hemos advertido a los americanos que se mantengan fuera de las zonas de conflicto. Hemos advertido a nuestros barcos que abandonen las áreas de guerra. Hemos aprobado una ley para eso, Hemos votado abandonar las Filipinas, que todos los militares están de acuerdo en que no es posible defender. Pero el presidente, sea lo que sea que parezca sentir, no está de acuerdo con estas opiniones. Dijo, cuando era subsecretario de marina:

Nuestra defensa nacional debe extenderse por todo el hemisferio occidental, debe extenderse miles de millas en el mar, debe abarcar las Filipinas y dondequiera que pueda estar nuestro comercio. (…) Debemos crear una marina no solo para proteger nuestras costas y nuestras posesiones, sino también nuestra marina mercante en tiempo de guerra, sin que importe hasta dónde tengamos que llegar.

Esto representa su filosofía de base con respecto a la marina. Hay un toque de *Junker* en él, el patriotero que, al decir «Tenemos los hombres, tenemos los barcos, tenemos también el dinero» está dispuesto a aseverar un derecho nacionalista sobre cualquier mar. Está a favor de la paz como ideal, pero es uno de esos amantes de la paz que están demasiado dispuestos a elegir la guerra como solución al problema.

Pero va más allá de esto. Si hay algo que el pueblo americano odia con toda su alma es el militarismo. Al hablar de militarismo me refiero a ese sistema de formación militar obligatoria, el servicio militar universal y los ejércitos nacionales que ha llevado al desastre a Europa. Para escapar del militarismo, millones de inmigrantes europeos pasaron por delante de la Estatua de la Libertad hacia Estados Unidos antes de la Gran Guerra.

Franklin D. Roosevelt es uno de los pocos americanos que ha defendido la creación de un ejército nacional y un servicio militar universal en tiempo de paz. Durante la Guerra Mundial, escribió:

> ¿No es el momento de que el pueblo de Estados Unidos deba adoptar definitivamente el principio de *servicio público nacional para todo hombre y mujer en algún momento de sus vidas*? (…) Espero llegar a ver el momento en el que el servicio público nacional no solo sea un hecho consumado, sino también uno de los privilegios más altamente valorados de todos los americanos. Como padre, espero con impaciencia el momento en que mis chicos sean capaces de servir a su país. Esto significa servir en tiempo de paz igual que en tiempo de guerra y significa servir en las ramas civiles igual que en las militares. *Pronto estará al alcance de la mano el día en el que el ejército y la marina de esta gran república sean considerados por sus ciudadanos como una parte normal de su gobierno y de sus propias actividades.*

Como esto se escribió durante la guerra, puede rebajarse a un exceso de patriotismo, aunque reclamara el servicio militar en tiempo de paz. Sin embargo, cuando acabó la guerra, en una Cena de la Victoria en 1919, dijo:

> Aunque una relajación esté condenada a seguir toda gran acción nacional, espero que siga habiendo algún tipo de formación *servicio militar universal*. Esa es la mejor garantía de seguridad. Creo que tendría que hacerse sin importar el resultado de las negociaciones de paz.

Esto después de que Alemania fuera aplastada y en una Cena de la Victoria después de la *guerra para acabar con las guerras*. Estaba ocupado tratando de organizar una reserva naval de 150.000 hombres en todo ese año. El 11 de octubre de 1919, propuso de nuevo una formación militar universal en el ejército y la marina en la Convención del Estado de Nueva York de la Legión Americano.

Sencillamente (aunque los americanos no se hayan dado cuenta) tenemos un militarista en la Casa Blanca que, si se atreviera, crearía un ejército con servicio militar en tiempo de paz, siguiendo el modelo europeo. Y debemos ser conscientes y sopesar estos hechos sobre él antes de poder entender que está haciendo el conflicto en Europa mientras pasa por su cabeza.

Hay otro factor de importancia capital: la base de todo el régimen del presidente, su gasto. Después de siete años sigue habiendo once millones de personas ociosas y la recuperación de la inversión privada está tan lejana como estaba en 1933. A la suspensión, incluso la contracción, del gasto público le seguiría un desastre económico mientras Roosevelt sea presidente.

Pero el gasto nacional se hace cada vez más difícil. Debido a la naturaleza misma de nuestro gobierno, los proyectos útiles en tiempo de paz son esencialmente de carácter local: carreteras, autopistas, parques infantiles, escuelas, hospitales, clínicas, viviendas, etc. El gobierno federal puede construirlos, pero los gobiernos locales tienen que mantenerlos. Hoy los gobiernos locales rechazan este tipo de proyectos. Les cuesta tanto dinero mantener los ya construidos que están al borde del abismo. La mayoría tienen graves dificultades financieras, no pueden pagar sus presupuestos escolares, ni su ayuda social ni sus carreteras: todos luchan con denuedo contra el desconcertante problema de los impuestos. La WPA en Philadelphia se queja de que tiene proyectos que darían trabajo inmediato a treinta y nueve mil hombres, pero la ciudad no autoriza ni patrocina estos proyectos. Lo mismo pasa en la mayoría de las ciudades y estados. Los gobiernos que gastan llegan pronto a un punto en el que la resistencia al gasto se hace imperiosa. La resistencia proviene de los grupos conservadores que temen a los impuestos y la inflación, pero también proviene de la propia dificultad de encontrar en tiempo de paz iniciativas públicas en las que gastar el dinero. Es en este punto en el que se encuentra hoy la administración Roosevelt.

Cuando se llega a este punto en los programas de gasto, siempre hay un tipo de proyecto que quiebra toda resistencia, que quiebra especialmente la resistencia entre los grupos muy conservadores que son los más firmes en contra del gasto público. Es la defensa nacional. La forma más segura y sencilla de conseguir el asentimiento nacional de todos los grupos para gastar más es pedir dinero para defensa nacional. La evidencia de esto es que el Congreso y la nación que reclamaban economías hace solo seis meses ahora hablan de presupuestos militares de dimensiones monstruosas. Y el presidente de Estados Unidos puede decir sin ninguna queja que la manera de conseguir dinero para un programa de aviación de siete mil millones de dólares es un simple «detalle menor».

Sin embargo, no es posible hacer que el pueblo consienta enormes desembolsos para defensa nacional si no se le asusta, haciéndole temer que los enemigos están a punto de atacarnos y eso es lo que está pasando ahora.

Si ponemos todas estas cosas juntas (el amor del presidente por el poderío militar y naval y su exhibición, su agresividad acerca del dominio de los mares, sus conocidas simpatías tanto de sangre como de sentimiento por Inglaterra, su creencia en la doctrina de la seguridad colectiva, su problema a la hora de encontrar medios para gastar dinero y formas de mantener la aprobación popular de su gasto, la marea creciente de antagonismo político generalmente apreciada antes de que empezara la guerra), tenemos las condiciones que le predisponen en dirección a la aventura militar.

Ha estado considerando este tema desde octubre de 1937, cuando la grave recesión se puso en marcha. Tanto él como su Departamento de Estado y sus subordinados militares están continuamente haciendo y diciendo cosas de carácter provocativo. El 11 de octubre de 1937, antes de que Roosevelt realizara su «discurso de la cuarentena», llamó a sus almirantes y les pidió consejo para un bloqueo económico de Japón en cooperación con las potencias europeas. Los británicos lo evitaron. El pueblo americano no supo nada de ello. Luego realizó el llamado «discurso de la cuarentena» en el que defendía la acción internacional para los agresores de la «cuarentena». Si se hubiera adoptado esa política, habría significado que Inglaterra, Francia, Estados Unidos y posiblemente Rusia habrían usado su poder militar para estrangular económicamente a Japón y Alemania. Eso significaba que el presidente estaba en realidad hablando de guerra bajo esos eufemismos.

En abril de 1938, el embajador en Alemania, Hugh Wilson, advirtió a los alemanes que era concebible que Estados Unidos entrara en cualquier guerra futura y este discurso, se dijo, estuvo aprobado por el Departamento de Estado. Aproximadamente en ese mismo momento, Roosevelt ocupó dos islas del Pacífico cercanas a Australia e hizo ondear la bandera americana en ellas. En mayo de 1938, Inglaterra e Italia propusieron un pacto dividiendo entre ellas el Mediterráneo y el mar Rojo y el presidente hizo una declaración aprobando este pacto. Posteriormente ese mismo mes de mayo, el secretario de guerra, Woodring, realizó un discurso criticando a los dictadores europeos. Cuando la cañonera *Panay* fue atacada en el interior de China en el río Yangtsé mientras protegía a tres petroleros de la Standard Oil, intentaron con todas sus fuerzas indignar al pueblo americano en contra de los japoneses. Esta vez no lo hicieron Mr. Hearst o la prensa amarilla, sino el Departamento de Estado.

Luego vino el miedo a los espías. Estas historias de espías no las contaron subordinados, sino el propio presidente para darles el mayor efecto propagandístico. El fiscal general de Estados Unidos apareció en los cines para pedir a los americanos que informaran de actividades sospechosas (que espiaran a sus vecinos).

Después de que estallara la guerra actual en Europa, el presidente, personal y directamente desde la Casa Blanca, empezó a emitir en su nombre declaraciones acerca de submarinos patrullando junto a nuestras costas. Todo esto podía multiplicarse muchas veces para mostrar el propósito directo del presidente de llenar de miedo al pueblo de este país para que pensara que iba a ser atacado por Alemania; que, tan pronto como acabaran con Inglaterra y Francia, Estados Unidos era el siguiente en la lista y que Hitler y Mussolini meditaban sobre invasiones en Sudamérica. El subsecretario de guerra, Johnson, ha estado atravesando el país dando discursos diciendo que debemos proporcionar armas para un millón de hombres y construir la mayor marina del mundo para resistir una invasión alemana de este país, mientras que el senador Neely, de Virginia Occidental, hablando de la supuesta política de «neutralidad» de la administración, decía que, tan pronto como Hitler hubiera derrotado a Inglaterra y Francia, «vendrá a Canadá con el ejército francés en la marina inglesa, construirá una línea Sigfrido, organizará áreas de sudetes en ciudades alemanas como St. Louis y Milwaukee y reducirá a Estados Unidos al destino de Polonia».

No lo están haciendo los fabricantes de municiones, los constructores de máquinas de guerra ni los economistas monárquicos. Lo está haciendo la administración demócrata supuestamente en poder de su rama progresista y por un hombre que fue elegido para el cargo con un programa electoral que criticaba las enormes partidas presupuestarias para defensa de la administración republicana, entonces de menos de mil millones de dólares.[4]

---

[4] El programa demócrata de 1932 declaraba que «Para una marina y un ejército adecuados para la defensa nacional, basándonos en un análisis de todos los hechos que afectan a las instituciones existentes, el pueblo en tiempo de paz no debería soportar una carga de un gasto que se aproxima rápidamente a los 1.000.000.000 dólares anuales».

El presidente ya ha abandonado cualquier pretensión de neutralidad. Pero sigue tratando de hacer creer a la gente que los alemanes pueden invadir Estados Unidos por avión, algo tan absurdo que no ha conseguido que ni un solo militar le respalde. Reclama al Congreso 50.000 aviones. Y a partir de aquí veríamos crecer un plan para una formación militar universal. El general Arnold, jefe de la fuerza aérea, dice que 50.000 aviones costarían 7.000.000.000 dólares. Pero estos requerirían, además, equipos en forma de aeropuertos, hangares, estaciones de suministro y reparación y cuarteles para un millón de hombres. Eso costaría otros mil millones como mínimo. La estimación de la marina para mantener los aviones es de treinta hombres en tierra por cada avión en el aire. Reclama 300.000 hombres para 10.000 aviones. Con esta proporción, serían 1.500.000 hombres para 50.000 aviones. Y esto no incluye los 100.000 pilotos. Sumemos a todo esto un ejército regular de medio millón de hombres (y se está hablando de aproximadamente 750.000 en Washington) y tendremos una fuerza bélica de más de 2.000.000 de hombres en tiempo de paz. Nadie puede calcular cuánto costaría esto. Pero seguro que este país no puede tener en tiempo de paz un ejército de 2.000.000 de hombres sin un servicio militar obligatorio. Ya tiene muchísimas dificultades para mantener alistado su pequeño ejército actual hasta el límite autorizado. El americano medio difícilmente será capaz de obtener el máximo de esto. Pero el presidente de Estados Unidos (que cree en un ejército nacional y en un servicio militar universal) ha reclamado en realidad al Congreso una fuerza aérea que necesariamente conllevaría todo esto.

Tal vez lo único que nos proteja es que es imposible. He preguntado a expertos sobre este tema y es absolutamente seguro que no podemos fabricar cincuenta mil aviones en año y sería mucho si consiguiéramos fabricar diez mil. Siendo así, ¿por qué reclama el presidente ese número tan fantástico? Hace un año y medio Boake Carter, comentarista de radio, retransmitió las maniobras de la flota y describió cómo los aviones estaban demostrando su superioridad sobre los barcos de guerra. Roosevelt llamó a Carter y le echó una bronca. Dijo que los almirantes se habían quejado. Y dejó claro que los almirantes tenían razón. No compartía estas nuevas ideas acerca de los aviones. El presidente es partidario de los almirantes. Él mismo es un almirante aficionado. Le encantan los barcos de guerra, con una antigua y profundamente sentimental pasión por ellos, similar a la de aquellos británicos señores del mar. Ha estado otorgando todo el dinero que ha podido conseguir a barcos de guerra. Ahora quiere aviones, pero no un número razonable que pueda fabricarse, sino una cifra fantástica que no puede fabricarse. Todo esto se ha hecho sin mucha consideración a los altos mandos militares, que se vieron bastante sorprendidos cuando les preguntaron sobre ello en un comité del Congreso. Al presidente se le ha vendido esta idea nueva y revolucionaria de cincuenta mil aviones igual que se le vendió el plan Warren del oro, en una breve conversación, igual que se le vendió el plan de máquinas expendedoras para acabar con los vendedores físicos.

Y ahora se acercan unas elecciones. Los americanos piensan en los once millones de personas todavía sin empleo, en el problema agrario sin resolver, en la completa parálisis de la inversión privada, en la creciente deuda pública, en los escándalos en Washington y en las maquinarias políticas locales y en varias otras cosas en las acusaciones de los enemigos políticos de Roosevelt. Y la guerra, la amenaza a nuestra seguridad, la llamada a la defensa nacional, todo esto distraerá la atención de nuestro pueblo del fracaso en resolver nuestros problemas y creará una nueva excusa para gastar otros diez y quince mil millones de dólares para devolver a su partido al poder.

Por supuesto, lo más grave de todo es que el presidente se ha estado «entrometiendo» en la situación europea durante dos años y cada vez se entromete más. Mientras se proclama completamente neutral, ha ido implicando poco a poco al país en un apoyo activo a los dos grandes imperios. Ahora

es el líder reconocible del partido belicista. No cabe la menor
duda de que lo único que ahora le impide su entrada activa
en el bando de los aliados es que sabe que no puede contar
todavía con el pueblo americano. Ha dicho en privado que no
quiere enviar hombres y, de hecho, no lo ha hecho. Si entrara
en la guerra, sería solo con sus fuerzas navales y aéreas y con
munición y suministros. Por supuesto, este es otro ejemplo
del método del presidente de buscar vías intermedias. ¡Ima-
ginad que este país entra en guerra y luego rechaza enviar
hombres a luchar!

Capítulo VIII

LA CASA BLANCA, S.A.

No es posible omitir una consideración de ciertos elementos personales. La familia del presidente es muy admirada por muchos por la ingeniosa forma en que sus miembros han aprovechado sus oportunidades mientras están en la Casa Blanca. La familia cercana del presidente nunca había disfrutado del nivel de renta esencial para codearse con la sociedad del río Hudson. El propio presidente nunca había ganado ninguna cantidad digna de mención hasta tener treinta años, cuando fue nombrado subsecretario de marina. No fue hasta que tuvo casi cuarenta años cuando consiguió su primer empleo privado en la Fidelity and Casualty Company. Este le proporcionaba 25.000 dólares anuales e indudablemente conseguía una buena cantidad del bufete Roosevelt & O'Connor. Pero no fue hasta que llegó a la Casa Blanca cuando aparecieron las oportunidades de ganar grandes cantidades para toda la familia. Esto ha recibido algunas críticas. La tradición de la presidencia siempre ha sido contraria a esto, sosteniendo los expresidentes que no usarían la Casa Blanca como cuartel general para llevar a cabo negocios privados. Pero el presidente disfruta rompiendo precedentes y de hecho alardeó en su discurso de aceptación de que el Partido Demócrata acabaría con muchos precedentes.

Las ganancias de James, su hijo mayor, son las más conocidas. Después de dejar Harvard, donde suspendió sus exámenes, empezó a estudiar derecho. Ese mismo primer año como estudiante de derecho, una empresa de seguros le ofreció un empleo de 15.000 dólares anuales. El trabajo consistía, según James, en limitarse a estar sentado detrás de una gran mesa. Nos cuenta que la empresa no le engañó en absoluto. «No me tomaron el pelo», dijo en una entrevista autorizada en *Collier's* (20 de agosto de 1938). «Sabía perfectamente que me pagaban por mi apellido. (...) Estaba recién casado y necesitaba el dinero». Esto pasó en 1931. Al año siguiente, su padre estaba en campaña y un año después su padre era presidente. Esos años ganó 19.000 dólares y 21.000 dólares respectivamente. Luego fundó la empresa de seguros Roosevelt & Sargent en Boston. Sus ganancias con esa empresa, según las cifras publicadas en *Collier's*, fueron:

1934	37.215$
1935	30.785$
1936	35.700$
1937	52.290$

En este último año, los 52.290 dólares se dividieron entre él y su esposa. Puso parte de ellas a nombre de ella por motivos fiscales. Por supuesto, esta no fue su renta total, pues obtuvo beneficios de otras fuentes: radiodifusión, comisiones sobre otros trabajos menores, 10.000 dólares como secretario de su padre, etc. Sus ganancias con la aseguradora después de 1937 no se han publicado, pero casi todos suponen que han sido al menos tan buenos como en los demás años. Pero además de estas ganancias de la aseguradora, empezó a recibir un salario de 50.000 dólares anuales, o de Samuel Goldwyn, o del sector cinematográfico. Tomando estas cifras, sus ganancias desde 1933 hasta hoy desde que su padre ha sido presidente (y parte del tiempo en que fue secretario del presidente) han sido:

1933	21.714,31$
1934	49.167,37$
1935	33.593,37$
1936	44.680,60$
1937	61.050$
1938	50.000$
1939	100.000$

Son unas ganancias medias de más de 50.000 dólares anuales para un joven que acaba de empezar en la vida. Los ingresos de Jimmy han atraído frecuentes censuras a su persona. Por ejemplo, obtuvo una comisión de 25.000 dólares por suscribir la póliza de seguro de la President Lines Steamship Company. El gobierno de Estados Unidos posee el 90% de las acciones de la empresa y también esta ha sido financiada por un gran préstamo de Estados Unidos. Su jefe, nombrado mediante influencia presidencial, es el exsenador William Gibbs McAdoo, que ahora mismo   gana 25.000 dólares anuales como presidente. Jimmy dejó su cargo como secretario del presidente por una especie de vicepresidencia con Samuel Goldwyn (ganando 50.000 dólares al año) en un momento en que Goldwin y otros magnates del cine estaban bajo imputación del gobierno federal. Aunque su lugar de trabajo estaba en Boston, suscribió pólizas de seguro con grandes empresas con problemas en todo el país: National Distillers Corporation, Associated Gas and Electric (también bajo presión pública), Armour and Company, Stone and Webster, Columbia Broadcasting Company, un seguro sobre el algodón federal enviado a China por la RFC y muchos otros. Era algo nuevo en los seguros y en el comportamiento de la familia presidencial.

Por supuesto, nunca se ha sabido lo que pensaba el presidente de todo esto. Sin embargo, en medio de todas estas actividades, sí puso una especie de aprobación en ello al hacer a su hijo secretario de la Casa Blanca y coronel de marines, después de lo cual aumentaron las ganancias de Roosevelt & Sargent.

Elliott Roosevelt ganaba 25.000 dólares al año como presidente y director general de la cadena de radios de Hearst. La primera incursión de Elliott en los negocios fue como consultor de la Cámara Aeronáutica de Comercio. Era un momento en el que el sector tenía muchos problemas con el Departamento de Correos. Había pendiente una proposición de ley en el Congreso para autorizar ciertas concesiones en las que estaba interesada la cámara y, en el curso del debate, Elliott fue denunciado como su cabildero. El posteriormente general de brigada William Mitchell, exjefe del ejército del aire, hizo una acusación similar. Elliott lo negó. Dijo que había sido contratado por la cámara para organizar y coordinar a diversas empresas aéreas para ponerlas a sus pies. Era demasiado joven e inexperto para una tarea tan imponente. Un congresista dijo que ganaba 25.000 dólares al año, otro que solo eran 10.000 dólares. Sin embargo, más tarde, William Randolph Hearst quiso conseguir que le transfirieran cuatro franquicias de emisoras de radio en Texas en un momento en que estaba arremetiendo contra el presidente. Tenía que conseguir el permiso de la Comisión de Comunicaciones, nombrada por el presidente. Contrató a Elliott para conseguir esas transferencias. Elliott se encargó del trabajo… con un gran éxito. Posteriormente le nombraron director general de toda la cadena de Hearst pagándole 25.000 dólares al año.

Pero, por supuesto, quien más gana es Mrs. Eleanor Roosevelt, que los deja a todos a la altura del betún, incluyendo al presidente. Este gana 75.000 dólares anuales como presidente. Un año ganó 38.000 dólares adicionales por una serie de artículos periodísticos. Provinieron de su libro, que se publicó posteriormente y se vendió a quince dólares el ejemplar. Por tanto, su mandato le rindió al menos 638.000 dólares. Pero Mrs. Roosevelt ha ganado el doble de eso, en torno a 1.200.000 dólares o lo habrá hecho al acabar este año.

Escribe una columna de periódico, escribe en revistas, ha escrito libros, da conferencias y hace publicidad y ahora ha entrado en el negocio del cine.

Ha escrito cincuenta y un artículos y tres libros y tiene contrato para tres más. Sus artículos en revistas (que se venden a un dólar por palabra) le han producido unos 75.000 dólares. Sus columnas periodísticas recaudan 21.000 dólares al año (este año, más). Sus discursos son muy rentables: cobra 1.500 dólares por discurso, pero habla por menos en algunos sitios. Ha hecho publicidad para Beauty Rest Mattresses (colchones), un fabricante de zapatos, productos de higiene y otros y ahora la hace para Sweetheart Soap (jabones). Las tarifas para estos anuncios le han aportado unos 450.000 dólares adicionales. Sus ganancias totales están en torno a 1.200.000 dólares. Las ganancias en las tertulias de radio las da a instituciones de caridad. Por supuesto, como la mayoría de la gente que gana mucho, puede hacer lo que quiera con ellas.

Su hija, Mrs. John Boettiger (antes Mrs. Dahl), ha trabajado como miembro del personal de la revista *Liberty* para Bernarr Macfadden, ha escrito artículos y ahora escribe para la revista de Hearst de la que su marido John Boettiger es editor (un trabajo que obtuvo después de casarse con Mrs. Dahl), donde se dice que le pagan 12.000 dólares al año. Intentó hacer algo de publicidad. Un agente que la representó publicó lo siguiente:

> Mrs. Anna Roosevelt Dahl, hija del presidente electo tiene una voz agradable y una personalidad atractiva. Está dispuesta a aparecer en cualquier programa comercial patrocinando un producto compatible con su posición pública.

Las ganancias totales de toda la familia durante los ocho años sumarían más de 2.500.000 dólares. Es sin duda un estupendo ejemplo para un periodo de una depresión pronunciada.

Capítulo IX
EL POLÍTICO DEL SEÑOR

1

Entre los dones de la fortuna, no fue el menor para Roosevelt que debió ser mal entendido tanto por sus seguidores como por sus enemigos. Sus seguidores le glorifican como un superhombre, un amigo grande, sabio, poderoso y benevolente del pueblo. Sus enemigos le glorifican como un aspirante a dictador, planeando con astucia diabólica la destrucción de nuestras libertades y la socialización de sus fábricas y casas contables. En ambos casos, le glorifican.

Sería un problema mucho más sencillo para sus enemigos si fuera este dictador potencial. El país enseguida le tomaría la medida y acabaría rápidamente con él. Pero Roosevelt no es un dictador. No tiene la más mínima intención de alterar el sistema actual. No tiene ninguna de las características que hacen un dictador. No tiene esa centelleante certidumbre acerca de su programa que caracteriza, por ejemplo, la mentalidad de un Hitler o un Mussolini. Ningún hombre es capaz de realizar la despiadada marcha sobre las calaveras y a través de la sangre sin sentir una ardiente convicción con respecto a algunos puntos esenciales y sin estar dispuesto a seguir adelante independientemente de cualquier coste de opinión. Roosevelt no puede actuar como un dictador porque mucha gente le odiaría y no sería capaz de soportarlo. Una vez fue a Georgia a purgar al senador George. Después de dar un discurso contra el senador, lleno de insinuaciones en lugar de acusaciones directas, George acudió a él y le dijo que tenía que contraatacar. Roosevelt dio amablemente la mano a George y dijo: «¡Que Dios te bendiga, Walter!» Los críticos han dicho que le gusta tener gente que le baile el agua a su alrededor. Pero en realidad no hay en la Casa Blanca nadie que baile más el agua que el propio presidente. Es casi imposible acudir a él con un punto de vista sin volver con la impresión de que está completamente de acuerdo contigo. Los dictadores no están hechos de esta pasta.

Pero el presidente tiene lo que abre el camino a los dictadores. Un pueblo demócrata nunca otorgaría poderes despóticos a un dictador. Primero debe parecer una persona benevolente cuyas buenas intenciones respeten y, por razones perfectamente comprensibles, pedirles que debiliten aquellas salvaguardias que los hombres libres han creado durante siglos para protegerse del tirano político. Tras hacerlas desaparecer para su benevolente amigo, aparece una brecha para que la atraviese el dictador en cuanto aparezca. Si apareciera, sería un hombre mucho más resuelto, seguro de sí mismo y despiadado que Franklin Roosevelt. Pero encontraría su camino más fácil, si no completamente expedito a través de esas brechas y grietas en los procesos democráticos que creó Roosevelt con sus buenas intenciones.

Ha perdido la cabeza. Y eso es en cierto modo comprensible. Roosevelt es un hombre vanidoso, pero no agresivamente vanidoso. Hizo algunas concesiones muy encomiables acerca de su comprensión del grave problema del mundo económico cuando empezó. Pero entonces llegó el *crash*: ese colapso de todo completamente inesperado, con toda la pompa de la toma de posesión, la aclamación del pueblo, toda una nación mirando a su sonriente y alegre nuevo jefe; las muchas órdenes que dio, la mayoría preparadas entre bambalinas mientras se ocupaba de los detalles de la ceremonia de toma de posesión y luego la repentina recuperación del ánimo nacional. Parecía un héroe en medio de esa escena histórica. Luego llegaron los miles de millones. Senadores, cargos oficiales, líderes de todas partes acudían a él en busca de dinero y cantaban sus alabanzas. Me atrevo a decir que puede perdonarse a un hombre (incluso un hombre completamente normal) en esta situación, sentado solo en su habitación por la noche, pensar para sí: «¡Caramba! Tal vez yo sea bastante bueno después de todo».

Tal vez lo más dañino para Roosevelt se produjo en las elecciones de 1936, cuando ganó en todos los estados, salvo dos pequeños. Después de eso la utilidad del hombre para el país había acabado. Fue esto lo que le impulsó a esa fatal iniciativa del plan del Tribunal. Aquí volvió a actuar como con los aviones. La gente hablaba de nombrar un juez adicional o dos. Cuando alguien (el fiscal general Cummings) le presentó un plan para *seis* nuevos jueces se vio deslumbrado, igual que le había deslumbrado la sugerencia de cincuenta mil aviones, por muy imposible que fuera. Era algo audaz. Era espectacular. Dominaría completamente el Tribunal Supremo. Lo notifico a los líderes demócratas en el Congreso como un monarca enviando órdenes a sus ministros de su gabinete. Se lo anunció así a uno de sus lugartenientes: «Bueno», dijo, «he decidido *empaquetar* al Tribunal Supremo». Había perdido el norte. La aplastante derrota que sufrió dividió su partido y le amargó. El nivel de pérdida de confianza de su propio partido en el Congreso ni siquiera lo sospecha el público.

2

El volumen de la propaganda, directa e indirecta, panificada y sin planificar, por la que la figura del presidente se ha desarrollado hasta proporciones heroicas, oculta casi completamente al hombre que hay detrás del mito. El público apenas es consciente de cómo es Roosevelt como político.

Ha habido una especie de estimación de este como un político admirable (el político del Señor), un estadista grande y justo que, por un milagro de la divina providencia, es además más inteligente y rápido de reflejos que los propios políticos. Se le ve como este político casi divino luchando por los pobres. Detrás de esta agradable caricatura se pierde la verdadera naturaleza del político ocupado que trabaja en la Casa Blanca.

Todavía tenemos que evaluar si Roosevelt es o no un gran político. Un buen político armado con veintidós mil millones de dólares es un adversario más formidable que un armado solo con su ingenio. Pero indudablemente es un político. Es decir, tiene la mentalidad de un político. Piensa en términos de maniobrabilidad política. Para él, las cuestiones más importantes son las cuestiones políticas. Un problema es un asunto acerca del cual discrepan dos personas o dos grupos. La manera de resolver el problema es hacer que dejen de discutir y darse la mano. Es más, la política es un asunto que, como la guerra, cree entender. Esta dispuesto a dejar que profesores universitarios y periodistas escriban sus discursos sobre economía y reforma social. Pero en lo que se refiere a la política y la guerra, eso es cosa suya. Jim Farley ha sido poco más que el chico de los recados. El presidente habla de un código de reforma del servicio público y elogia el servicio civil. Pero Jim Farley consigue los empleos para los fieles. Sin embargo, son las órdenes de Roosevelt las que aplica Farley. Se ha creado un equipo excelente: Roosevelt proporciona la imagen, los discursos, la apariencia de pureza cívica; Farley gestiona el clientelismo siguiendo el más puro modelo Tammany.

Detrás del boato, la redacción de discursos, los solemnes pronunciamientos de elevados objetivos sociales están todas las corruptas maquinarias políticas municipales de la nación, alimentadas, mimadas y ayudadas por los mismos hombres que simulan en Washington ser sus enemigos.

En todo departamento ejecutivo, Jim Farley ha tenido en nómina a un representante oficial del Comité Demócrata (el gestor oficial de la clientela) actuando como enlace entre el jefe del partido y los cargos del gabinete. Mr. Harold Ickes y

Mr. Henry Wallace (entre los secretarios reformistas) dieron aviso a sus subordinados de que todos los solicitantes de empleos no clasificados «deben pasar por el comité político local». El objetivo del presidente ha sido crear para sí algo que hacía mucho tiempo que no teníamos: una maquinaria política nacional, una maquinaria de Roosevelt que se imponga a todas las demás maquinarias. Es esa maquinaria la que ha manejado la campaña de Mr. Roosevelt para un tercer mandato.

Esto explica por qué los departamentos y comisiones importantes de Washington se han corrompido tan gravemente debido al clientelismo. El sistema clientelar es siempre malo en el gobierno. Pero cuando el gobierno llega a regular y controlar y operar tantos aspectos de nuestra vida social e industrial, la necesidad de proteger al gobierno del sistema clientelar se hace todavía más imperativo.

La Home Owners' Loan Corporation (que colocó dos mil millones de dólares en hipotecas) se entregó primero a un político veterano, «Seaboard» Bill Stevenson, de Carolina del Sur. Este nombró a tres representantes en cada uno de los tres mil condados de la nación (nueve mil personas), todos elegidos bajo la recomendación del congresista o líder demócrata local, para gestionar miles de millones. El presidente apreció enseguida la fruta podrida de esta extraña metedura de pata y tuvo que reemplazar a Stevenson. Cuando se escriba la historia de este episodio, será algo digno de lectura.

La Comisión de Comunicaciones, la Comisión del Carbón Bituminoso, los negociados en los departamentos de Comercio, Interior, Justicia y Tesoro (igual que la Oficina Aeronáutica de pésima reputación) fueron todos ocupados por políticos que vinieron en masa de los juzgados de los condados para asumir las funciones más delicadas y difíciles. Hemos tenido tantas cosas en que pensar estos últimos siete años que la historia oscura de estos negociados ha recibido poca atención.

3

La gente habla habitualmente del gran programa de reforma social del presidente. Es un terreno en el que el presidente se siente bastante cómodo. El hacendado que habita en él, ese caballero amable de la gran mansión en medio de la villa, el hombre rico que está dispuesto a tratar con generosidad al villano, esa es la escuela a la que pertenece. Es un poco difícil definir con precisión cuál ha sido ese programa. Evidentemente lo conforman aquellas medidas para mitigar la condición del «hombre olvidado» en el que pensamos, aquellas cosas que los hombres en general están de acuerdo en que no quieren que desaparezcan. ¿Cuáles son estas medidas?

Por supuesto, no incluyen cosas como la WPA, la PWA, el pago de subvenciones a los granjeros, empresarios, dueños de viviendas, etc. Todas esas numerosas instituciones que pagan a la gente miles de millones de fondos tomados prestados por el gobierno. Esos se consideran recursos para crisis o emergencias. Son las cosas de las que todos quieren librarse. Todos, incluido el presidente, esperan conseguir una recuperación sólida para que estas cosas desaparezcan. ¿Cuáles son, entonces, las grandes medidas de la reforma social? Tal vez podríamos incluir la SEC y la Ley de Valores para la regulación de los mercados de valores. Más importantes son la Ley de Seguridad Social, la Ley de Salario Mínimo y el Consejo Nacional de Relaciones Laborales. No es posible pensar en ninguna otra.

Pero hay algo acerca de lo más importante de todo esto que se recuerda demasiado poco: la Ley de Seguridad Social, la ley que provee pensiones para los ancianos y prestaciones de desempleo. Ahora quiero decir tres o cuatro cosas acerca de ella. Sé antes de escribirlas que nadie las creerá. Las pongo en cursiva para inducir la atención y con la esperanza de que el lector las leerá dos veces.

Casi siempre se supone que el presidente Roosevelt aprobó la Ley de Seguridad Social. Nadie creería que en realidad trató de paralizarla. La Ley de Seguridad Social era una reclamación del pueblo, como consecuencia de la depresión. Y la reclamación era universal. Ningún presidente se habría atrevido a posponerla. Roosevelt lo intentó.

Rechazó apoyar la primera ley, presentada por el senador Wagner. En 1934, casi quince meses después de asumir el cargo, un comité le reclamó que hiciera algo. Intentó ganar tiempo. Luego el movimiento de Townsend empezó a generar un poderoso apoyo. Los republicanos acusaron al presidente de no hacer nada en asuntos de seguridad social y se estaba acercando la campaña de 1934. Entonces nombró un comité que estudiara el tema. Después de las elecciones tampoco hizo nada. Entonces otro grupo de hombres le interpeló y él les dijo: «Todavía *no es el momento para las pensiones para los ancianos». Es difícil saber qué quiso decir. No solo no había oposición: había una reclamación clamorosa y general. Cuando el presidente se vio finalmente forzado a actuar y el comité de expertos nombrado por él expuso su plan, lo desguazó y envió una propuesta medio pergeñada e incompleta escrita por un joven sin experiencia que era tan mala que los congresistas dijeron que no sabían qué decía. Al final se aprobó una propuesta, pero no hasta 1935. Y entonces había en ella una de las mayores monstruosidades fiscales en la historia de las finanzas públicas. Hizo que las cuotas cargadas a los* trabajadores y sus empresarios fueran el doble de las que deberían ser.

¿Para qué? Para recaudar lo suficiente como para pagar las prestaciones *de los trabajadores y, además, conseguir miles de millones de dólares para gastos ordinarios del gobierno. Esto se hizo bajo el disfraz de un antiguo fondo de reserva en el que se iba a acumular hasta llegar al fantástico total de 47 mil millones de dólares. Es una de esas ideas especiosas que el presidente, con su concepción más o menos ingenua de las finanzas, imaginaba que era un gran invento. Pocos días antes de que se aprobara la ley, le vendieron esta idea absurda en unas pocas breves conversaciones muy similares a las del plan monetario de Warren, el impuesto a los beneficios no repartidos y la máquina expendedora automática que emanciparía a los vendedores de la monotonía en un mundo sin vendedores. De hecho, esta idea asombrosa de la reserva era tan mala que el presidente y su secretario del Tesoro, cuando se enfrentó a un movimiento en su contra el pasado año, tuvo que admitir que estaba mal y aceptó acabar con ella. Pero el presidente ganó prestigio por esta Ley de Seguridad Social. Gente honrada pero desinformada dice que, si perdiera el poder, esta estaría en peligro. Hablan como si hubiera conseguido aprobar esta en medio de una tremenda oposición. El presidente tenía que realizar esta gran reforma.*[5]

La Ley de Salario Mínimo es otro ejemplo. En los primeros días de la administración del presidente, se aprobó en el Senado la propuesta Black que establecía una semana laboral de treinta horas y estaba a punto de ser enmendada en la Cámara de Representantes para fijar un salario mínimo. Casi no hubo votos en contra de ella. Era una propuesta extremista. Sin embargo, ofrece una prueba de lo fácil que habría sido aprobar una legislación menos drástica si lo hubiera querido hacer antes la administración del presidente. Pero el presidente se opuso a esta propuesta. Y es bien sabido que una razón por la que pasó a apoyar la NRA fue derrotar la primera propuesta de salario mínimo y horario máximo que el Congreso estaba dispuesto a aprobar. Si no hubiera sido por el presidente, se habría aprobado una ley que habría cubierto esta reforma tres años antes de adoptarse por fin. Repito que soy consciente del hecho de que pocos creerán que esto es cierto, por lo arraigada que ha quedado en la imaginación de la gente la propaganda del presidente como protector de los pobres.

---

[5] Ver «The Social Security Reserve Swindle», del autor, *Harper's*, Febrero de1939.

4

Pero en medio de todo esto no se ha hecho nada para hacer que funcione nuestro sistema económico. Hay está tan hundido como lo estaba en 1933. No se ha hecho nada con respecto a los ferrocarriles, salvo continuar haciendo lo que el presidente había criticado: prestar más dinero, aumentando las deudas y retrasando lo inevitable. En el sector de la construcción, que estaba aplastado por el peso de una combinación de mafia sindical, proveedores de material y fabricantes para mantener altos los precios, el presidente a través de la NRA suspendió las leyes antitrust bajo las cuales podían denunciarlas y en realidad los llamaba a Washington para realizar combinaciones más grandes y cohesionadas. El sector de la construcción está en un colapso tan completo hoy como lo estaba en 1932. Ha introducido incertidumbre y miedo en las mentes de los inversores primero mediante su increíble intromisión monetaria y su inveterada política de toma de préstamos y segundo por sus palabras grandilocuentes: discursos para agradar a los progresistas, amenazando con cosas que nunca tuvo la intención de hacer. Llamó a Moley al empezar una legislatura del Congreso y le dijo que le hiciera un «discurso combativo». Cuando Mosley le preguntó qué quería combatir, le dijo: «Quiero agradar a los progresistas». Aunque a estas fieras proclamas no las siguió ninguna acción importante perjudicial para los negocios, sí sirvieron para enviar a los inversores a atrincherarse.

Si hay algo que sabe el estadista práctico, es que no puede estar reformando eternamente. Un sistema de beneficios privados no puede funcionar en medio de alarmas constantes. El rumbo del presidente debería haber sido seleccionar un grupo de reformas esenciales y realizables al principio de su administración, hacer que se aprobaran con todo el poder que poseyera en ese momento y luego tratar de liderar al país de vuelta a los procesos normales de su vida económica. Pero no pareció darse cuenta de eso. La Ley de Valores y Bolsa fue un paso en la dirección correcta. Pero, de acuerdo con su política de «mézclalos», después de conseguir aprobar la ley (muy debilitada), nombró a un especulador de Wall Street como presidente de la SEC, quien no hizo nada durante dos años. Parecía creer que, tras haber agradado a los progresistas con la ley, debía agradar a los conservadores con los nombramientos. Lo sensato habría sido nombrar la media docena de reformas esenciales básicas de Wall Street, agruparlas y dejarlo ahí, dejando que los negocios se ajustaran a ellas. Pero no hizo eso. De hecho, no se hizo nada hasta que William O. Douglas se convirtió el presidente de la SEC. Pero se hablaba incesantemente de que se estaban haciendo muchas cosas. Y ahora la comisión está hablando de reformas cuando es demasiado tarde. Lo mismo pasó con la Ley de Empresas de Servicios Públicos. Era una buena ley para corregir razonablemente las malas condiciones de los holdings en ese sector. La ley se aprobó en 1935. Ofrecía una reorganización descomponiendo los holdings en unidades integradas más pequeñas. Debería haberse aplicado rápidamente para que el sector adoptara su nueva forma y volviera a funcionar. Por el contrario, no se ha intentado nada hasta recientemente, cuando ya era demasiado tarde como para hacer gran cosa.

Política, vacilaciones, la eterna presión en busca de sapiencia, una mente, como observaba H. G. Wells del presidente, «espantosamente abierta», de hecho, abierta por ambos lados, a través de la cual fluyen todo tipo de ideas mal concebidas, su amor por lo espectacular, su preocupación por los problemas bélicos y los asuntos europeos y solo una tenue percepción de los profundos problemas de la economía y las finanzas que nos dominan, buenas intenciones mezcladas con conceptos éticos confusos; todo esto ha llevado al presidente al punto trágico en el que lo único que puede salvar su régimen es llevar al país al histerismo bélico.

Siete años después de tomar posesión, hay once millones de desempleados, la inversión privada está muerta, el problema agrario se encuentra exactamente donde lo encontró.

Ha llevado a cabo algunas reformas sociales que el país recla-maba. Pero estas reformas sociales tienen que revisarse casi completamente. Con respecto a la recuperación: el presidente no tiene ningún plan. El coste de todo esto han sido veintidós mil millones de dólares, todos todavía pendientes de pago.

Si todo ha ocurrido así,
es porque Franklin D. Roosevelt es así.

Para más información,
véase nuestra página web
www.unioneditorial.es